POLYGLOTT on tour

Simone Holzhäuser

Schwarzwald

 Top 12

 besonderer Tipp

 Warnung

 Info

 Hinweis

 Restaurant

 Unterkunft

 Nightlife

 Shopping

 Literatur

POLYGLOTT-Top Umschlagklappe vorne

Allgemeines

Städtebeschreibungen

Freiburg – Freigeist mit Charme　　　　Seite 22

Vom Münsterplatz bis hinaus zum Schauinsland – genießen Sie die heitere und angenehme Atmosphäre der an Tradition und Kultur reichen Universitätsstadt.

Baden-Baden – Wo schon
die alten Römer baden gingen　　　　Seite 30

In der prachtvollen Kurstadt erholt man sich auf angenehme bis luxuriöse Weise; und für alle, die einmal etwas riskieren wollen, sind Spielbank und Galopprennbahn da.

Touren

*Blick vom Südschwarzwald
auf die Alpen*

Bildnachweis

Alle Fotos Catch-the-Day/Manfred Braunger außer Ralf Freyer: 25, 27, 50, 63, 65, 88, 108; Kultur- und Verkehrsamt Gernsbach: 89; laif/Clemens Emmler: 7, 11, 20; laif/Hedda Eid: 31-1; Fotoagentur Rheinland/Achim Gaasterland: 5, 13-1, 38; Tourist-Information Feldberg: 38; Tourist-Information St. Blasien-Menzenschwand: 40; Ernst Wrba: 88; Titelbild: laif/Clemens Emmler

Abenteuer für die ganze Familie

Erholung pur – das wünschen sich auch Eltern, die zwar mit ihrem Nachwuchs in Urlaub fahren, aber trotzdem zwischendurch mal ganz abschalten wollen. Deshalb hat man sich im Schwarzwald stellenweise mächtig ins Zeug gelegt, hat Freizeit- und Erlebnis-Konzepte für die kleinen Gäste entwickelt, so dass auch Eltern hier richtig verschnaufen können ...

Kinder ausdrücklich erwünscht

Zum Beispiel in den »Familienfreundlichen 17«! Das sind 17 Orte in Baden-Württemberg, die beim Landeswettbewerb »Ferien für die Familie« eine besondere Auszeichnung erhielten – zwölf davon liegen im Schwarzwald (u. a. Baiersbronn, Titisee-Neustadt und Todtmoos). Jahr für Jahr werden hier unterhaltsame und aufregende Ferienangebote entwickelt: Reit- und Bastelkurse, Kasperletheater, Vorlesestunden, Fackelwanderungen sowie Waldentdeckungstouren, Spielfeste, Schatzsuchen, gespenstische Nachtwanderungen und Theaterwerkstätten – der Phantasie sind keine Grenzen gesetzt. Und die Hoteliers sorgen dafür, dass sich auch die Kleinsten wie zu Hause fühlen. Darüber, dass alles wie am Schnürchen läuft, wacht übrigens Leo Luschtig, das Löwen-Maskottchen der 17 Orte.

▌Alle Orte der »Familienfreundlichen 17« beschreibt die Broschüre **Familienferien. Baden-Württemberg,** die man beim Prospektservice Baden-Württemberg, Esslinger Str. 8, 70182 Stuttgart, www.tmbw.de, Tel. 0 18 05/55 66 90, Fax 55 66 91, erhält.

Tier- und Familienparks

Bei so viel Spiel und Spaß kann es schwierig werden, die Kinder zu gemeinsamen Familienunternehmungen zu gewinnen. Die Schwarzwälder Parks sind allerdings wahrlich verlockend. Über 50 Tiergehege und Streichelzoos gibt es, das **Freilichtmuseum Vogtsbauernhof** (s. S. 72) zählt zu den größten und bekanntesten Museen seiner Art in Deutschland, und der **Schwarzwaldpark Löffingen,** in dem sich unter anderem Braunbären und Affen tummeln, steht bei Kindern ebenfalls hoch im Kurs – nicht zuletzt, weil hier auch reichlich Action für die Größeren geboten wird: unter anderem Sommerrodeln, eine Bob-Kart-Bahn und Floßfahrten.

❚ **Schwarzwaldpark Löffingen,** 79843 Löffingen (gut ausgeschildert, leicht zu finden), geöffnet Karfreitag bis Allerheiligen tgl. 9–18 Uhr.

Ein bisschen Disneyland

Einen Superlativ unter den Parks im Schwarzwald setzt der **Europapark Rust,** Deutschlands größter Freizeitpark: Europa en miniature – ein bisschen Disneyland, ein bisschen Spiel ohne Grenzen! Über 100 verlockende Angebote, von der gigantischen Wasserachterbahn über Wildwasserfahrten bis hin zu Zeitreisen in die griechische Antike, kann man dort wahrnehmen. Und natürlich geht es quer durch Europa, vom Nordkap bis Andalusien – kleine Welten, gespickt mit entsprechenden Showeinlagen wie Ritterspielen oder Eisrevue.

❚ **Europapark Rust,** 77977 Rust, A5 Ausfahrt Ettenheim oder Herbolzheim, geöffnet Ende März bis Anf. Nov. tgl. 9–18 Uhr, in der Hauptsaison auch länger. Infos unter www.europapark.de (s. S. 86).

Mit Ross und Kuh auf du und du

Tierbegeisterte Familien sollten auch einen Urlaub auf dem Bauernhof in Erwägung ziehen, wo nicht nur Kinder auf dem Feld und im Stall mithelfen können.

❚ Infos im gebührenpflichtigen Katalog **Urlaub auf dem Bauernhof,** DLG-Verlags-GmbH, Eschborner Landstr. 122, 60489 Frankfurt/M., www.dlg-verlag.de, Tel. 0 69/24 78 84 51, Fax 24 78 84 80 und www.landtourismus.de.

Eine heiße Adresse für alle tierliebenden Kinder und ihre Eltern ist der **Vogelpark Wiesental,** den mehr als 300 Vogelarten, darunter sogar Flamingos, bevölkern (78335 Steinen-Hofen, www.vogelpark-steinen.de, Mitte März–Anfang Nov. tgl. 10–18 Uhr).

Zu den besonders empfehlenswerten Erlebnisbädern gehören das **Laguna-Badeland** in Weil am Rhein (s. S. 50), das **Aqua Fun** in Schluchsee (s. S. 38) und das **Bad Solemar** in Villingen-Schwenningen (s. S. 59).

Sie baden in Schlamm oder Heu, lassen sich Stirnölgüsse oder Haferanwendungen machen, sitzen mucksmäuschenstill beisammen, um bei Atemgymnastik, Qi Gong oder einer Farblichttherapie ganz zu sich selbst zu finden oder durch gezielte Bewegungen den Geheimnissen der »Fünf Tibeter« nachzuspüren: Dass gerade der Schwarzwald in puncto Wellness einiges zu bieten hat, liegt nahe. Seine zum Teil mondänen historischen Bäder, die Luftkurorte, ausgedehnten Waldlandschaften und nicht zuletzt die gute Küche

▮ In **Schnupperkuren** kann man verschiedene Wellness-Angebote testen. Infos bei den örtlichen Fremdenverkehrsämtern oder bei der Tourismus Service GmbH (s. u.).

Voll im Trend
Wellness

▮ Eine **Eukalyptus-Sauna** zum ganz tiefen Durchatmen gehört zu den besonderen Attraktionen der bekannten Paracelsus-Therme von Bad Liebenzell. Infos: Tourist-Information, Postfach 1260, 75375 Bad Liebenzell, www.bad-liebenzell.de, Tel. 0 70 52/40 80, Fax 40 81 08.
▮ Bäder mit ganz besonderem **Ambiente** sind Bad Wildbad (s. S. 90) und Bad Teinach (s. S. 98), wo schon die württembergischen Könige gerne kurten und sich entsprechend schöne Anlagen errichten ließen.

sind eben ideale Voraussetzungen für entspannende Gesundheitswochen. 32 anerkannte Kurorte, rund ein Dutzend Thermalbäder und hervorragende Wellnesshotels (www.wellnessstars.de) verfolgen hier die Strategie des Wellness-und Anti-Aging-Urlaubs.

Entspannung wie bei den Römern

Wellness – was ganz nach modernem Tourismus-Marketing klingt, basiert in Wirklichkeit auf jahrhundertealten Traditionen. Schon die Römer wussten um die wohltuende Wirkung heißen Thermalwassers, und in Asien entwickelte man Entspannungstechniken, deren heilende Wirkungen unumstritten sind. Auftanken heißt die Devise, und wo könnte man das besser als an einem Ort wie Baden-Baden. Das historische **Friedrichsbad,** 1877 auf den Fundamenten einer römischen Therme erbaut, galt zu Recht schon damals als schönstes Thermalbad Europas. Auch die zur selben Betreibergesellschaft gehörenden **Caracalla-Thermen** mit sieben verschiedenen Becken, einer römischen Saunalandschaft und Massagepool versprechen ein exquisites Badeerlebnis.
▮ Friedrichsbad, Römerplatz 1, www.carasana.de, Mo–Sa 9–22 Uhr, So 12–20 Uhr.
▮ Caracalla-Thermen, Römerplatz 1, www.caracalla.de, tgl. 8–22 Uhr.

Schlank, gesund und fit

Baden und Entspannen alleine reichen heute nicht mehr. Schönheit, Spaß und Fitness sind ebenfalls gefragt, und so werden häufig kombinierte Programme angeboten, zu denen Cellulite-Behandlung, Peeling und Bio-Lifting ebenso gehören wie Ernährungsprogramme, Heil- oder Früchtefasten, Schrothkur und Vollwerternährung. Ergänzt man dies durch Sport- und Fitnessprogramme wie Radeln, Wandern, Gymnastik oder Reiten, ist man dem persönlichen Wohlbefinden schon ein ganzes Stück näher gerückt. Aber auch, wer sich entschlacken, kneippen, sich das Rauchen abgewöhnen oder die Haut auf Vordermann bringen möchte, kann sich aus den vielfältigen Schwarzwald-Angeboten das Passende raussuchen.

■ Fitness-Fans sind im **Kur- und Sporthotel Mangler** am richtigen Ort: das luxuriöse Hotel im Landhausstil bietet verschiedene Fitnessprogramme nach Maß. Ennerbachstr. 28, 79674 Todtnauberg, Tel. 0 76 71/9 89 30, Fax 86 93.

■ Das 1025m hoch gelegene **Schliffkopfhotel** in Baiersbronn ist eines der bekanntesten Wellness-Hotels im Schwarzwald. Kosmetik und Klangmassage, Ayurveda- und Reiki-Anwendungen gibt es – ebenso wie Wirbelsäulengymnastik und Ernährungsberatung. Schwarzwaldhochstraße, 72270 Baiersbronn, www.schliffkopf.de, Tel. 0 74 49/92 00, Fax 92 01 99.

Die Broschüren **Wellness, Fitness und Gesundheit** sowie **Wellness und Sport Baden-Württemberg** informieren umfassend über Angebote, Hotels sowie kombinierte Wellness-Programme. In Badenweiler liegt neben der römischen Badruine die Cassiopeia-Therme mit 1000 m² Wasserfläche, orientalischer Wellness-oase, Saunalandschaft und Hamam.

Etwas Besonderes sind die **Klang-thermen** in Bad Herrenalb. Umhüllt von warmem Wasser, Musik und sanftem Licht können sich hier gestresste Zeitgenossen richtig entspannen. Näheres bei der Tourist-Information, Bahnhofsplatz 1, 76332 Bad Herrenalb, www.badherrenalb.de, Tel. 0 70 83/50 05 55, Fax 50 05 44.

Paradies für
Wintersportler

▌Spezielle Wintersport-Informationen entnimmt man der Broschüre **Schwarzwald. Wintersport,** Prospektservice Baden-Württemberg, Esslinger Str. 8, 70182 Stuttgart, www.tmbw.de, Tel. 0 18 05/55 66 90, Fax 55 66 91.

Auch die heutigen »Schwarzwald-Adler« wie Sven Hannawald oder Martin Schmitt haben einmal klein angefangen – also nix wie rauf auf die Bretter und Ski Heil! Der winterliche Schwarzwald mit seinen »Idiotenhügeln«, mittelschwierigen oder langen, steilen Pisten bietet Anfängern wie »Profis« gleichermaßen unbegrenztes Skivergnügen und relative Schneesicher-heit. Ob Abfahrts- oder Langlauf, Skiwandern oder Snowboardfahren, Rodeln oder Eislaufen – der Schwarzwald ist ein Wintersportgebiet par excellence.

▌Unter prominenter Leitung übt man sich in allem, was man auf zwei Brettern anfangen kann, in der **Skischule Georg Thoma** im Feldberger Service- und Event-Center, Seebuck, 79856 Hinterzarten, www.skischule-thoma.de, Tel. 0 76 76/9 26 88.

Pistenrennen und Gipfelpartys

36 verschiedene Abfahrten gibt es alleine am Feldberg. Anfänger können Ski- oder Snowboard-kurse belegen, Kinderprogramme sorgen dafür, dass schon die Kleinsten sicher auf den Brettern stehen. Auch den Älteren wird hier unter dem Motto »Fun und Action« einiges geboten: von Snowboard-Veranstaltungen und Gaudirennen, bei denen der Spaßfaktor im Vordergrund steht, bis zu Gipfelpartys.

▌Skischule Hirt, 79822 Titisee, www.ski-hirt.de, Tel. 0 76 51/9 22 80.

▌Auf den alpinen Skilauf spezialisiert hat man sich in der Schule des dreifachen deutschen Riesenslalom-Meisters **Egon Hirt,** wo auch für Kinder und Jugendliche individuelle Kurse an-geboten werden.

Schneewandern

Wem Rummel, Action und Geschwindigkeit eher auf die Nerven gehen, dem bieten die zahlreichen Langlaufloipen eine prima Alternative, geruhsam die verschneite Winterlandschaft zu genießen. Ob auf Skiern (etwa bei Lenzkirch durch die wildromantische Wutachschlucht, s. S. 61) oder wie die Goldgräber Alaskas auf Schneeschuhen (z. B. bei Seebach, s. S. 82), das Schneewandern ist ein Sporterlebnis für die ganze Familie. Und wen der Ehrgeiz packt: Auf dem 100 km langen **Skifernwanderweg** von Schonach zum Belchen kann man seine Ausdauer testen. Was die meisten in mehreren Tagesetappen bewältigen, schaffte Olympiasieger Georg Thoma beim »Wälder-Cup« in sage und schreibe 5 Stunden und 51 Minuten. Die Benutzung der Loipen ist übrigens kostenfrei.

Eistauchen und Skispringen

Das gilt auch für das Eislaufen auf dem Titisee, der im Winter ganz oder zumindest teilweise zugefroren ist und nicht nur ein malerisches Bild abgibt, sondern auch zur Bühne wird für viele kleine und große Eistänzer. Wem es nicht reicht, eine rot gefrorene Nase zu haben, der kann auf Tauchstation gehen! Die **Tauchschule Lang** (Seebruck 14, 79859 Schluchsee, Tel. 0 77 51/44 85) bietet Eistauchen im Schluchsee an – etwas für besonders wagemutige Zeitgenossen. Dass es davon einige gibt im Schwarzwald, merkt man spätestens bei den atemberaubenden Skispringen, wenn die »Schwarzwald-Adler« durch die Lüfte fliegen: ob in Titisee-Neustadt (s. S. 37), auf der Adlerschanze bei Hinterzarten (s. S. 35) oder in St. Blasien (s. S. 40). Da bleiben die wintersportbegeisterten Gäste dann doch lieber Zuschauer und genießen das sportliche Vergnügen aus sicherer Distanz ...

⭐ Zu den schönsten winterlichen Zuschauervergnügen gehören die **Schlittenhunderennen** in Bernau (Mitte Februar) und Todtmoos (Ende Januar). Genaue Termine sind unter www.bernau-schwarzwald.de und www.todtmoos.de abrufbar.

⭐ Der Skifernwanderweg Nordschwarzwald unterteilt sich in mittlere bis schwierigere Etappen, aus denen man sich je nach Länge und Schwierigkeitsgrad sein individuelles Programm gestalten kann (stellenweise Gepäcktransfer). Nähere Infos dazu sowie zu den Einzeletappen und Übernachtungsmöglichkeiten in der Broschüre **Nördlicher Schwarzwald. Winter,** erhältlich bei: Touristik Nördlicher Schwarzwald e. V., Postfach 10 06 66, 75106 Pforzheim, www.nord.schwarzwald server.de, Tel. 0 72 31/14 73 80, Fax 1 47 38 20.

Immer auf der Höhe

Lage und Landschaft

Der Schwarzwald erstreckt sich über eine Länge von 160 km von Basel bis kurz vor Karlsruhe. Dort ist Deutschlands höchstes Mittelgebirge nur 30 km breit, während es sich im Süden bis zu 60 km ausdehnt. Die westliche Grenze zum Nachbarn Frankreich bildet der Oberrhein, im Süden trennt der Hochrhein die Landschaft von der Schweiz. Die fruchtbare Oberrheinebene teilt sich geographisch auf in die Ortenau im Norden, den Breisgau mit Kaiserstuhl und Tuniberg in der Mitte und das Markgräfler Land im Süden.

Was Geologen als die tektonischen Bruchzonen und Verwerfungen des Schwarzwaldes bezeichnen, begeistert die heutigen Besucher als eine abwechslungsreiche Berg- und Tallandschaft, die sich deutlich in drei Zonen aufteilt: Im nördlichen Schwarzwald erhebt sich aus der waldreichen Landschaft die Hornisgrinde mit 1164 m, der mittlere Teil ist am Kandel mit 1241 m am höchsten. Im südlichen oder Hochschwarzwald wechseln sich tiefe Täler mit zum Teil hohen Gebirgskämmen ab, die im

Osten auf der Baar auslaufen. Die einsame Spitze bildet der Feldberg mit 1493 m.

Klima und Reisezeit

Wer einem heißen Sommer in der Ebene entfliehen will, findet auf den luftigen Schwarzwaldhöhen Erfrischung. Das Mittelgebirgsklima sorgt für relativ kühle Sommer und nicht zu kalte Winter. Viele Kurorte im nördlichen Schwarzwald profitieren von einem Heilklima mit sechs verschiedenen Reizstufen, während im südlichen Teil stärkere Sonneneinstrahlung und Reizklima vorherrschen.

In den Gebirgslagen klettert die Quecksilbersäule meist nicht über 25 °C, während die Oberrheinebene gelegentlich mit Temperaturen von 35 °C und mehr aufwartet. Im Herbst und Winter drückt in der Ebene oft tagelang dichter Nebel aufs Gemüt der Rheintalbewohner, während ab 900 m Höhe herrlicher Sonnenschein und ein Fernblick bis zu den Alpen Tausende von Sonnenhungrigen auf die Berge locken.

Wintersportler kommen von Dezember bis März auf ihre Kosten, auch wenn Frau Holle ihre Betten in der

12

Das Alter dieser Stieleiche bei Neustadt wird auf rund 850 Jahre geschätzt

Ein klassischer Schwarzwaldhof bei Bernau

Schwarzwaldregion in den letzten Jahren nicht mehr so häufig ausschüttelte wie früher.

Der Kaiserstuhl ist einer der wärmsten Flecken Deutschlands mit einem Jahresdurchschnitt von knapp 10 °C. Schon Ende Februar strecken hier die ersten Frühlingsboten ihre Köpfe aus der Erde und laden zu einem Ausflug in die Natur ein.

Natur und Umwelt

Der Schwarzwald ist zu zwei Dritteln bewaldet – hauptsächlich mit Nadelhölzern, in deren Schutz Rehe, Hirsche, Wildschweine, Füchse und seit 1988 auch wieder Luchse leben. In den schwerer zugänglichen Wäldern des Südschwarzwalds oder um den Feldberg finden auch seltene Wildtiere wie Gams oder Auerhahn gute Lebensbedingungen.

Seit Anfang der achtziger Jahre wird Fichten, Tannen, Kiefern und Eichen durch mit Schwefel- und Salpetersäure angereicherte Emissionen das Leben sauer gemacht. Umweltschützer und Forstleute sind sich nicht darüber einig, ob der Patient nur kränkelt

oder bereits dem Tod geweiht ist. Dem Individualverkehr wird jedenfalls in manchen Regionen in den Sommermonaten ein Riegel vorgeschoben. Einige Naturschutzgebiete sind aus ökologischen Gründen nur noch per Wanderbus oder zu Fuß erreichbar. Eine besondere Form der Vegetation herrscht in den Hochmooren vor, wo sich Wollgras und Sonnentau wohlfühlen.

Nicht nur landschaftlich ragt der erloschene Vulkan Kaiserstuhl aus der Oberrheinebene heraus. Seine Trocken- und Magerwiesen sind Heimat seltener Orchideenarten wie des purpurnen Wiesenknabenkrauts und des nach Zitrone duftenden hellrosa Diptams. Bereits im März blüht die ebenfalls unter Naturschutz stehende hellblaue Küchenschelle. Auf den Lösswegen sind Smaragdeidechsen und die nur in Südwestdeutschland vorkommende Gottesanbeterin, eine seltene Fangheuschreckenart, zu Hause.

Bevölkerung

Weder die Kelten noch ihre römischen Bezwinger wagten sich in die Tiefe des schier undurchdringlichen Schwarzwalds vor. Auch die nachdrängenden Alemannen bauten ihren Dinkel lieber in den Randbezirken an. Erst die christlichen Herren der ersten Klöster wie Hirsau oder St. Blasien wagten es gegen Ende des ersten Jahrtausends, in den legendenumrankten Forst vorzudringen. Langsam bevölkerte sich der Wald mit Arbeitskräften, die auch in Glashütten und Holzhandel Beschäftigung fanden.

Was sich geändert hat, das sind die Grenzen, die einst Baden und Württemberg trennten. Sie hielten die Gelbfüßler (katholische Badener) und die Spätzlesschwoba (protestantische Württemberger) auseinander. Immer noch spricht man in einem stattlichen Teil des Nordschwarzwalds schwäbisch, während das südliche Mittelgebirge eine badische Domäne ist.

Wein ist ein wichtiger Wirtschaftsfaktor

Steckbrief

- **Fläche:** ca. 6000 km².
- **Höchste Erhebungen:** Feldberg (1493 m), Herzogenhorn (1415 m), Belchen (1414 m), Schauinsland (1284 m), Kandel (1241 m) und im nördlichen Teil Hornisgrinde (1164 m).
- **Größte Städte:** Freiburg (212 000 Einw.), Pforzheim (115 000 Einw.), Baden-Baden (53 000 Einw.).
- **Bevölkerungsdichte:** In Baden-Württemberg im Schnitt 297 Einw./km²; auf den Schwarzwaldhöhen um 80 Einw./km².
- **Religion:** Im Nordosten meist protestantisch, sonst überwiegend katholisch.
- **Wirtschaftszweige:** Feinmechanische und chemisch-pharmazeutische Industrie, Landwirtschaft (Holz- und Milchwirtschaft, Futteranbau, Wein- und Obstbau).

Wirtschaft

Die Region leidet seit langem unter einer topografisch und klimatisch bedingten Strukturschwäche. Der Bergbau hat in zahlreichen Tälern wie dem Kinzigtal und Münstertal unrentable Minenstollen hinterlassen. Landwirtschaft ist für viele Bauern kleinerer Höfe nur noch im Nebenerwerb praktikabel. Vor allem im mittleren Schwarzwald sind manche Bauern gleichzeitig Waldbesitzer. Doch konnten in der jüngeren Vergangenheit auch diese nachwachsenden Ressourcen nicht über die Probleme hinweghelfen.

Über bessere Bedingungen verfügen die Bauern in der Rheinebene bzw. den Schwarzwaldvorbergen, wo Wein, Obst, Spargel und viele andere Gemüsesorten gedeihen.

Der Schwarzwald gilt traditionell als eine Region der Tüftler. So spielte hier der Uhrenbau schon immer eine bedeutende Rolle; später kam die feinmechanische Industrie hinzu und schließlich auch High-Tech-Unternehmen.

Geschichte im Überblick

20 000–1200 v. Chr. Steinzeitmenschen in der Oberrheinebene; Bronzezeit: Kelten siedeln in den Vorbergen des Schwarzwalds.

ca. 100 v. Chr. Germanen (Sueben) verdrängen fast alle Kelten in die Schweiz. Der Rest geht im Germanenstamm auf.

58 v. Chr. Caesar besiegt die Germanen im heutigen Elsass. Zur Sicherung des Reiches werden 50 römische Lager errichtet.

74 n. Chr. Der Ausbau des Grenzwalls (Limes Germanicus) hält die östlichen Germanen vom römisch besetzten »Zehntland« zurück.

258 Über 100 000 Alemannen überwinden den Wall und dringen in den badischen Raum vor.

496 Frankenkönig Chlodwig I. verdrängt die Alemannen an den Oberrhein.

Um 600 Irische Missionare verbreiten den christlichen Glauben. Das Kloster Säckingen wird gegründet.

Um 900 Im Schwarzwald entstehen Klöster wie Hirsau, St. Trudpert und Gengenbach. Das Geschlecht der Zähringer taucht aus dem Dunkel der Geschichte auf.

1091 Neuesten Ausgrabungen zufolge gründet der Zähringer Bertold II. die Stadt Freiburg.

1264 Der spätere König Rudolf von Habsburg nimmt einen Teil des Gebiets ein, das dadurch vorderösterreichisch wird.

1368 Freiburg unterstellt sich freiwillig österreichischem Schutz.

1456 Erzherzog Albrecht stiftet die Universität von Freiburg.

1524 Die Lehren Luthers veranlassen das Bauernvolk zum Aufstand gegen Adel und Klöster. Kaiserliche Truppen metzeln 1525 einen großen Teil der Aufständischen nieder.

1618–1648 Der Dreißigjährige Krieg lässt die Oberrheinebene nicht ungeschoren. Durch den Westfälischen Frieden wird Breisach französisch, Freiburg Regierungssitz von Vorderösterreich.

1783 Markgraf Karl-Friedrich von Baden hebt die Leibeigenschaft auf.

1806 Der Großherzog von Baden tritt zusammen mit 15 anderen Fürstenhäusern dem Rheinbund Napoleons bei. Baden ist nun französisch.

1818 Baden erhält eine relativ liberale Verfassung.

1848 Die Schwarzwälder Hecker und Struve rufen zur badischen Revolution und Gründung einer Republik auf. Der Aufstand wird 1849 niedergeschlagen.

1871 Königreich Württemberg und Großherzogtum Baden werden Mitglieder des Deutschen Reiches.

1918 Baden wird Freistaat.

1952 Württemberg-Baden, Baden und Württemberg-Hohenzollern schließen sich nach einer Volksabstimmung zum Bundesland Baden-Württemberg zusammen.

1975 Wyhl am Kaiserstuhl wird zur Hochburg des Widerstands gegen ein geplantes Atomkraftwerk.

2000 Freiburg präsentiert sich auf der Expo 2000 als Solarstadt.

2002 Im Mai wählt Freiburg als erste deutsche Großstadt einen grünen Oberbürgermeister.

2005 Die Tour de France führt zum ersten Mal durch Bad Herrenalb.

Kultur gestern und heute

Architektur

Als einer der ältesten und historisch bedeutendsten Sakralbauten in Süddeutschland gilt die Klosterkirche St. Cyriak in Sulzburg (Ende 10. Jh.). Im Zeitalter der Romanik entstanden die Benediktinerabteien von Hirsau, Alpirsbach und Schwarzach bei Bühl, die Klosterkirche St. Gregor in Klosterreichenbach und die zum Zisterzienserkloster gehörende Kirche von Herrenalb. Im späten 12. Jh. kam die gotische Baukunst aus Frankreich und prägte etwa das zur Ruine verfallene Prämonstratenserkloster Allerheiligen, das Freiburger und Villinger Münster sowie das Kloster Lichtental. Die spätgotische Schnitzkunst brachte v. a. der Meister mit den Initialen H. L. zur Geltung, der nach 1520 den Hochaltar des Münsters in Breisach schuf. Während in der Renaissance vorwiegend Patrizierhäuser und Befestigungsanlagen entstanden, erlebte der Schwarzwälder Kirchenbau im Barock und Rokoko eine Blütezeit, etwa durch den Vorarlberger Baumeister Peter Thumb. Im 19. Jh. strahlte der Einfluss der Karlsruher Bauschule auf den Schwarzwald aus.

Malerei

Aus der südwestdeutschen Malerei nicht wegzudenken sind die Werke von Martin Schongauer (um 1450 bis 1491). Er wurde im Elsass geboren und verbrachte seine letzten Lebensjahre in Breisach, wo im Münster seine berühmte Darstellung des Weltgerichts zu sehen ist. Von ihm beeinflusst war Hans Baldung, genannt Grien, der um 1515 mit dem »Freiburger Hochaltar« sein Meisterwerk schuf. Im 19. Jh. gehörten der Porträtist Franz Xaver Winterhalter (1805–1873) aus Menzenschwand und der Landschaftsmaler Hans Thoma (1839–1924) aus Bernau zu den bekanntesten Künstlern der Region.

Literatur

Musketier im Dreißigjährigen Krieg, Regimentsschreiber, Gutsverwalter, Gastwirt und Schultheiß: Johann Jacob Christoffel von Grimmelshausen (1621–1676) führte nicht nur in den letzten Jahren im Renchtal ein bewegtes Leben, das er in sein Hauptwerk »Der abentheurliche Simplicissimus Teutsch« einbrachte, den bedeutendsten Roman deutscher Sprache im 17. Jh. Alemannisch geprägt war der aus Hausen (Wiesental) stammende Johann Peter Hebel (1760 bis 1826), der sich in seinen meist in Mundart verfassten Geschichten vornehmlich mit seiner Heimat beschäftigte. Heimatbezogen sind auch die Werke von Joseph Victor von Scheffel (1826–1886). Mit »Ekkehard« schrieb er im späten 19. Jh. einen Bestseller. Hermann Hesse (1877–1962) wurde v. a. durch Werke wie »Der Steppenwolf« und »Das Glasperlenspiel« bekannt (1946 Literatur-Nobelpreis).

Tradition und Brauchtum

Für den Schwarzwald wird gerne mit jungen Damen unterm Bollenhut geworben, auch wenn die traditionellen Trachten meist nur noch zu Trachtenfesten oder hohen Kirchenfeiertagen aus der Truhe geholt werden und der berühmte Bollenhut nur in wenigen

Dörfern getragen wird. Elf rote Wollrosen schmücken den Strohhut der Mädchen, bei verheirateten Frauen sind die Rosen schwarz. Früher gehörte zum »Häs« (dem Gewand) der Männer der gleiche Kopfschmuck. In einigen Gemeinden schmücken sich Mädchen und Frauen zur Fronleichnamsprozession mit glitzernden »Schäppele«-Kronen aus Glaskugeln, Perlen, Spiegeln und Blumen.

Zum Brauchtum gehört auch die *Fasnet* mit Zottel- und Flecklehäs und oft Furcht einflößenden Masken. Wer die in Rottweil, Schramberg oder Wolfach besonders ursprüngliche Fasnet verpasst, kann im Wochenende darauf bei der Bauernfasnet mancher Orte beim »Schibeschloge« mitmachen. Dabei werden glühende Holzscheiben zum Schutz gegen böse Geister die Berghöhen hinunter geschlagen.

Feste & Veranstaltungen

▮ **Februar: Hundeschlittenrennen** in Todtmoos und Bernau.
▮ **Fasching:** Am »schmutzigen Donnerstag« finden die Hemdglunkerumzüge statt, u. a. in Emmendingen, Endingen, Burkheim, Breisach, Triberg und Lörrach. Im Hochschwarzwald sind die Narren am Fasnachtssonntag aktiv. Rosenmontagshochburgen sind Wolfach, Rottweil, Schramberg, Elzach, Freiburg.
▮ **April: Frühjahrsmesse** in Offenburg.
▮ **Mai: Badische Weinmesse** in Offenburg. **Weinfeste** in Vogtsburg und Freiburg-St. Georgen, Oberrotweil, Bickensohl, Ihringen. **Konviktstraßenfest** in Freiburg. **Weinmarkt** in Offenburg. **Lichterfest** in Bad Liebenzell. **Straßentheaterfestival** in Rastatt (alle 2 Jahre, nächstes Fest 2006). **Internationales Frühjahrs-Meeting** auf der Galopprennbahn Iffezheim bei Baden-Baden.
▮ **Juni: Fronleichnamsprozession** in Schwarzwälder Tracht in St. Peter, Bad Peterstal, Haslach. **Sektfestival** in Breisach. **Weinfeste** in Ihringen, Steinbach und Varnhalt bei Baden-Baden. **Zelt-Musik-Festival** in Freiburg. Rottweiler **Klassikfestival.**

▮ **Juli: Schlosskonzerte** in Rastatt. **Hornberger Schießen** in Hornberg. **Sommernachtsfest** in Titisee-Neustadt und Schluchsee. **Weinfeste** in Staufen, Freiburg. **Stadtmauerfest** und **Seenachtsfest** in Freiburg. **Stadtfest** in Freudenstadt. **Jazzfestival** in Villingen. **Stadtfest** in Calw, **Straßentheaterfestival** in Pforzheim.
▮ **August: Floßhafenfest** in Wolfach. **Weinfeste** in Emmendingen, Breisach, Ebringen, Bühl-Eisenbach. **Laurentiusfest** in Feldberg-Altglashütten. **Lichterfest** in Freiburg. **Kreuzgangkonzerte** im Kloster Alpirsbach. **Oldtimer-Rallye** in Pforzheim. Große **Rennwoche** auf der Galopprennbahn in Iffezheim. **Waldshuter Chilbi.**
▮ **September: Oechslefest** in Pforzheim. **Zwetschgenfest** in Bühl. **Weinfeste** in Vogtsburg-Oberrotweil, Bischoffingen, Bahlingen, Oberkirch, Bühlertal, Offenburg. **Musikfestival** in Kirchzarten.
▮ **Oktober: Weinfest** in Achkarren und Oberbergen. **Musiktage** in Donaueschingen. **Erntedankfest** in Hornberg mit Trachten.
▮ **Dezember: Weihnachtsmarkt** in Freiburg.

Essen und Trinken

»Wer guet esse und trinke cha, cha Kummer und Sorge mit Anstand entbehre.« Der kurze und prägnante Spruch an der Wand einer Freiburger Kneipe trifft ziemlich genau die Einstellung der Schwarzwälder zum Zusammenspiel von Leib und Seele.

Was an Gaumenfreuden aufgetischt wird, reicht vom kräftigen Vesper in ursprünglichen Berghöfen bis zu kulinarischen Meisterwerken in Top-Restaurants. Der französische Einfluss und die Nähe der Schweiz haben verfeinernd auf die ursprünglich eher deftige Kost der Schwarzwälder gewirkt. So gehört ein Schuss Sahne in das Schneckensüppchen, die Rahmsoße zum Schnitzel wird mit Wein abgerundet, und der Zander schwimmt in Champagnersoße.

Schwarzwälder Schinken

Traditionelles

Bodenständige Gerichte sind Schäufele (Schweineschulter) mit Kartoffelsalat, der im Südwesten ohne Mayonnaise auskommt, Leberle sauer oder geröstet mit knusprigen Brägele (Bratkartoffeln), Nierle oder Sulz (keine Sülze, sondern Kutteln). Auch Kombinationen wie Wurstsalat mit Zwiebeln und Brägele sind eine deftige Delikatesse. Traditionell kommt vielerorts am Samstag das Ochsenfleisch mit Meerrettichsoße und Bouillonkartoffeln auf den Tisch.

In lauschigen Gartenwirtschaften und bäuerlichen Vesperstuben tischt man Bauernbrot mit Blut- und Leberwurst, Bibbeleskäs (Quark) oder Schwarzwälder Schinken und Speck auf. Zu den einfachen Einkehrmöglichkeiten gehören auch die »Straußenoder Besenwirtschaften« (zu erkennen an einem Besen mit bunten Fetzen), die nur vier Monate im Jahr geöffnet sind – meist im Frühjahr und Herbst.

Saisonbedingte Gaumenfreuden spendet im Frühjahr der Spargel, der bis zum Johannistag gestochen wird. Klassisch serviert wird er mit zerlassener Butter, Schinken und Kratzete, einer Art zerrupfter Pfannkuchen. »Spargel tot, Kirschen rot« – im Juli bricht die Zeit der Kirschen an, der wichtigsten Zutat für die Schwarzwälder Kirschtorte (neben Kirschwasser und Schlagsahne) und die saftigen »Kirschplotzer« (Kirschkuchen).

Zu den Köstlichkeiten im Herbst gehören Wild- und Pilzgerichte – oft mit Spätzle –, »alles von der Sau« auf üppig garnierten Schlachtplatten sowie Zwiebelkuchen mit neuem Wein. Bis zum Frühjahr wird Feldsalat gepflückt und als »Sunnewirbele« mit Speckwürfelchen, kräftiger Salatsoße und Kracherle, kleinen Brotcroutons, serviert.

Wein und Hochprozentiges

Sürpfle muescht, net saufe ... So lautet ein gut gemeinter badischer Ratschlag: Man soll also mit Anstand trinken, nicht saufen. Manche Winzer wünschen sich allerdings, dies möge

der Gast nicht allzu wörtlich nehmen. Immerhin werden in Baden an die 12 000 ha Rebfläche bepflanzt, deren Erträge konsumiert sein wollen. Im Norden ist die Ortenau für ihren hervorragenden **Riesling** oder **Klingelberger** bekannt, den »König der Weine«. Rotweinfreunde schätzen die edlen **Spätburgunder.**

Die größte Rebfläche hat der Kaiserstuhl, dessen **Müller-Thurgau** (Riesling plus Silvaner) kurz als Müller »trocken« oder »nass« bestellt wird. Hier findet man auch den leichten **Silvaner,** den alkoholreichen **Ruländer** bzw. Grauen Burgunder, den lieblichen **Weißburgunder** und den **Spätburgunder Weißherbst,** der seine Roséfarbe von den blauen Trauben des Spätburgunders erhält und wie ein Weißwein gekeltert wird. Im Markgräfler Land werden der trockene **Gutedel** und der **Nobling** angeboten, letzterer eine Kreuzung von Silvaner und Gutedel.

Weltweit bekannt sind Schwarzwälder Obstbrände; vom Schwarzwald müssen die Kirschen stammen, die als mindestens 40-prozentiges Schwarzwälder Kirschwasser eine Mahlzeit beschließen. Andere Lebenselixiere werden aus Himbeeren, Mirabellen, Zwetschgen oder Birnen gebrannt.

Urlaub aktiv

Wandern

Der Schwarzwaldverein betreut 23 000 km Wanderwege; Krönung ist der 228 km lange Mittelweg von Pforzheim nach Waldshut. Auch Westweg und Ostweg beginnen in Pforzheim, enden jedoch in Basel bzw. Schaffhausen. Thematisch ausgerichtete Wandertouren lassen sich als Pauschalangebote (mit Übernachtungen) buchen, etwa: »Auf dem Weg der Uhrenträger«, »Wanderungen durch den Ortenauer Weinpfad«, »Unterwegs zu alten Ritterburgen« oder »Kinzigtäler Gourmet-Wanderwochen«. Auch herrliche Schneewandertouren stehen auf dem Programm.

Infos beim **Prospektservice** Baden-Württemberg, Esslinger Str. 8, 70182 Stuttgart, www.tmbw.de, Tel. 0 18 05/55 66 90, Fax 55 66 91.

Für Freunde bequemer Touren bieten viele örtliche Verkehrsämter **Wandern ohne Gepäck** von Hotel zu Hotel an.

Wintersport

Der Schwarzwald bietet Abfahrten aller Schwierigkeitsgrade für **Ski- und Snowboardfahrer** sowie zahlreiche Skischulen. **Langläufern** stehen Hunderte von Kilometern gespurter Loipen zur Auswahl (s. S. 10 f.).

Auskunft über aktuelle Pistenverhältnisse erteilen die **Schneetelefone:** Nördlicher Schwarzwald Tel. 0 72 31/1 79 29, mittlerer Schwarzwald Tel. 0 77 22/96 48 116, südlicher Schwarzwald Tel. 0 76 76/12 14, zur

Ballonfahrer starten im Europapark Rust

Schwarzwaldhochstraße Tel. 0 72 26/ 2 96; Infos sind auch über www. schwarzwaldserver.de erhältlich.

Radfahren

Radfahren ist im Schwarzwald überaus beliebt; kein Wunder, dass Team Telekom bei Badenweiler sein Trainingslager aufschlägt und die Tour de France wiederholt in Freiburg Station machte. Strecken aller Schwierigkeitsgrade, Verleih- und Reparaturstationen, ein dichtes Radwegenetz und ausgearbeitete Tourenvorschläge machen den Schwarzwald für »Profis« wie für Familien mit Kindern attraktiv. Auch Mountainbiker kommen voll auf ihre Kosten.

 Prospektservice: siehe Seite 19.

Flugsport

Extreme Flugsportarten wie **Drachen- und Gleitschirmfliegen** haben im Schwarzwald längst Fuß gefasst. Hinterzarten, Kirchzarten und Baiers-bronn sind dank ihrer natürlichen Gegebenheiten geradezu prädestiniert für diese Arten zu fliegen, die Mut, aber auch einige Kenntnisse voraussetzen, die von erfahrenen Lehrern vorher vermittelt werden.

i **air power-Gleitschirmschule,** Beim Steinernen Kreuz 10, 79798 Jestetten, www.air-power.de, Tel. 0 77 45/3 08, Fax 4 77.

Weniger Kenntnisse benötigt man bei einer Fahrt mit dem **Heißluftballon** und hat die selben landschaftlichen Impressionen.

i **Ballooning 2000,** Dr.-Rudolf-Eberle-Str. 5, 76534 Baden-Baden, www.ballooning2000.de, Tel. 0 72 23/6 00 02, Fax 6 00 05.

Weitere Sportarten

Golfspieler finden ihr Green in Freudenstadt, Alpirsbach, Baden-Baden, Badenweiler, Bad Herrenalb, Bad Liebenzell, Lahr, Kandern, Kirchzarten, Munzingen oder Pforzheim. Rund um Baden-Baden und Todtnau können **Kletterer** senkrecht an der Wand hoch gehen. **Segler, Surfer** und **Taucher** finden ihr Revier am Schluchsee und Titisee sowie an Stauseen (z. B. Erzgrube und Schwarzenbachtalsperre, Nordschwarzwald).

i **Prospektservice:** siehe Seite 19.

⭐ Zwar ist der Schwarzwald keine ausgesprochene Reitergegend, doch vielerorts existieren Reitställe und Ponyhöfe, wo man **Reitunterricht** nehmen oder an **Ausritten** teilnehmen kann. www.schwarzwaldserver.de/index.php/sport/reiten.

Unterkunft

Da auch im Schwarzwald die Kuckucksuhren mittlerweile anders gehen, erschöpft sich das Bettenangebot der Region schon längst nicht mehr in harten Matratzenlagern, die mit anderen geteilt werden müssen. Nicht einmal einen Zipfel von rot-weiß karierten Bettbezügen finden diejenigen Gäste vor, die durch die Pforten der »Leading Hotels of the World« schreiten, zu denen das **Parkhotel** in Baden-Baden (s. S. 34), das **Schlosshotel** auf der Bühler Höhe, das **Colombi-Hotel** in Freiburg (s. S. 30) und das **Römerbad** in Badenweiler gehören. Eine stolze Anzahl für Baden, denn immerhin gibt es auf der Welt bislang nur knapp 300 dieser Nobelherbergen.

Preiswerte Unterkünfte

Weniger kostspielig sind die vielen anderen **Gasthöfe** und **Hotels** in allen Preislagen und Ausstattungsvarianten. Ideal für Familien sind **Ferien auf dem Bauernhof** mit Anschluss an alles, was da kreucht und fleucht.

Urlaub auf dem Bauernhof, s. S. 7, oder www.badenpage. de/ferien.

Eine unabhängige Form des Urlaubs bieten **Ferienwohnungen** (Informationen beim Prospektservice Baden-Württemberg, s. S. 101).

Junge Leute und Wanderer finden in 33 **Jugendherbergen** Unterkunft (DJH, Weinweg 43, 76137 Karlsruhe, www. djh.de), in **Wanderhütten** oder einem **Naturfreundehaus** (Naturfreunde Baden, Alte Weingartener Str. 37, 76227 Karlsruhe; Tel. 07 21/40 50 96, www.naturfreunde-baden.de).

Verkehrsmittel

Über die Autobahnen A 5 (Frankfurt–Basel), A 8 (Karlsruhe–München) oder A 81 (Stuttgart–Singen) erreicht man das Ziel über gut ausgebaute Bundesstraßen. Auch mit der Bahn ist der Schwarzwald gut zugänglich, z. B. mit dem ICE von Hamburg nach Basel. Die meisten Gastgeber holen ihre Gäste am Bahnhof ab. Wander-, Ski-, Linien- und Radfahrerbusse mit Anhänger machen Besucher beweglich. Mieträder stehen an vielen Bahnhöfen. Günstig liegen die Flughäfen EuroAirport Basel-Mulhouse, Baden Airpark, Friedrichshafen und Straßburg.

Museumsbahnen

■ **Kandertalbahn** zwischen Haltingen und Kandern, Info: Verkehrsamt, Hauptstr. 18 www.kandern.de, Tel. 0 76 26/97 23 56,
■ **Wutachtalbahn,** genannt »Sauschwänzlebahn«, zwischen Blumberg-Zollhaus und Weizen auf einer Länge von 25,8 km. Info: Stadt Blumberg, Postfach 120, 78170 Blumberg, Tel. 0 77 02/5 10, Fax 5 11 05
■ **Achertalbahn** zwischen Kappelrodeck und Achern mit 100 Jahre alten Eisenbahnwagen. Von Mai bis Okt. alle zwei Wochen am Sonntag. Info: Achertalbahn, Großmatt 8, 77883 Ottenhöfen, Tel. 0 78 42/8 04 40.
■ **Rebenbummler,** Zug durch den Kaiserstuhl, Info: Eisenbahnfreunde Breisgau e.V., Lorettostr. 24a, 79100 Freiburg, www.rebenbummler.de, Tel. 07 642/6 89 90.

Karte
Seite
23

 **Freiburg

Freigeist mit Charme

Die Bächlein, das Münster mit dem »schönsten Turm der Christenheit«, historische Häuser, Reben inmitten der Stadt, die Baumwipfel des Schwarzwalds zum Greifen nah, etwas mehr Sonne als anderswo – und dafür weniger Hektik: Diese Vorzüge muss das Verkehrsamt Freiburg im Sinn gehabt haben, als es vor Jahren den Slogan »Freiburg hat was alle suchen« ohne Komma unter die Leute brachte. Scherzbolde lasen den Satz so: Freiburg hat was, alle suchen. Grammatik hin oder her – die ehemals zähringische und vorderösterreichische Stadt rangiert auf der Beliebtheitsskala deutscher Großstädte weit oben. Ihr Ruf als liebens- und lebenswerte Universitätsstadt, umweltfreundliche Hochburg der Grünen und Heimat des Kult-Fußballclubs SC Freiburg macht die Stadt am Flüsschen Dreisam attraktiv für Besucher, die ganz unterschiedliche Dinge suchen – und meist auch finden.

Geschichte

Nicht ganz klar ist, wem die Ehre der Stadtgründung Freiburgs gebührt. Vielleicht war es der Zähringer Stammvater Bertold II. im Jahr 1091; vielleicht sein Sohn Bertold III. oder dessen Bruder Konrad. Nach der Verleihung des Marktrechts durch Konrad im Jahre 1120 begann eine emsige Bautätigkeit. An der Stelle der Kirche, in der Bernhard von Clairvaux 1146 zum Kreuzzug aufrief, wurde um 1200 der Grundstein für das Münster gelegt, das nach 300 Baujahren erst 1513 eingeweiht wurde. Nachdem im Jahr 1218 die Hauptlinie der Zähringer mit Bertold V. erloschen war, kauften sich die Freiburger 1368 mit 15 000 Silbermark von den Grafen von Freiburg los, um sich freiwillig unter die Krone der Habsburger zu begeben. 1697 war Freiburg wieder vorderösterreichisch, um 1713 erneut in die Hände der Franzosen zu fallen, deren 150 000 Soldaten die Bastion stürmten. Der Frieden von Rastatt stellte die alten Verhältnisse 1715 wieder her, doch schon 1744 schaute Ludwig XV. vom Lorettoberg aus zu, wie Freiburg von dem französischen Heer eingenommen wurde, das vor seinem Abzug die Festungsanlage schleifte. Nach dem Untergang des alten Reiches entstand 1806 das Großherzogtum Baden.

1885 zählte man 1000 Studenten (2003 über 20 000). Ein tragischer Tag in Freiburgs Geschichte war der Bombenangriff vom 27. November 1944, der 3000 Menschenleben forderte und 3000 historische Gebäude zerstörte, die teilweise originalgetreu wiederhergestellt wurden.

Pflaster und »Bächle«

Die Innenstadt von Freiburg (212 000 Einw.) kann nur zu Fuß erkundet werden, wobei das schöne Kopfsteinpflaster mit Wappen und Zunftzeichen aus Rheinkieseln der Feind eines jeden Stöckelschuhs ist. Auch die »Bächle«, jene insgesamt 8 km langen schmalen Kanäle, die die Innenstadt durchziehen, haben schon manchen aus dem Tritt gebracht. Im Mittelalter zur raschen Brandbekämpfung und Straßenreinigung angelegt, verleihen sie Freiburg heute eine individuelle Note, auch wenn man bisweilen nasse Füße bekommt oder Gefahr läuft, sich den Knöchel zu verstauchen.

Das Colombi-Schlössle

Die lohnenden Stadtführungen (Infos und Anmeldung bei Freiburg Kultour, Rotteckring 14, www.freiburg-kultour. com, Tel. 07 61/2 90 74 47) starten bei der **Tourist-Information ❶**.

Nur ein paar Meter weiter kann man »bei Burtsche« tafeln, dem Besitzer des Spitzenrestaurants und Luxushotels Colombi (s. S. 30). Namensgeber spielte das gegenüber auf einer ehemaligen Bastion des Festungsrings liegende neugotische **Colombi-Schlössle ❷**, das 1859 für die Witwe eines Diplomaten aus Malaga erbaut wurde. Das Schlösschen mit dem schönen gusseisernen Treppenhaus beherbergt seit 1983 das Museum für Ur- und Frühgeschichte (Öffnungszeiten für alle städtischen Museen s. S. 30), während die kleine Rebanlage und der hübsche Park tagsüber Treffpunkte für Studenten und Touristen sind, bei Dunkelheit jedoch eher ein zwielichtiges Publikum anziehen.

Karte Seite 23

Ein In-Treff am Bahnhof ist das **Kagan** in der Bismarckallee 9, Tel. 7 67 27 66. Bar, Cafe und Lounge

❶ Tourist-Information
❷ Colombi-Schlössle
❸ Neues Rathaus
❹ Altes Rathaus
❺ St. Martin
❻ Haus zum Walfisch
❼ Basler Hof
❽ Kornhaus
❾ Münster
❿ Historisches Kaufhaus
⓫ Schwabentor
⓬ Natur- und Völkerkundemuseum
⓭ Augustinermuseum
⓮ Martinstor
⓯ Markthalle
⓰ Sickingen-Palais

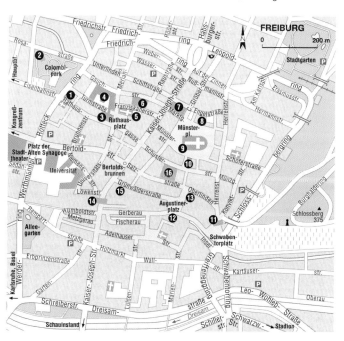

Karte Seite 23

mit fantastischem 360°-Ausblick aus 60 m Höhe. Auch tagsüber ein Ereignis beim Lunch (fast alles Bio) oder zur Teatime. Immer voll ist es beim Sonntagsbrunch.

Um die Rathausgasse

Beim Gang durch die Rathausgasse wird das Zähringer Baukonzept deutlich: Eng aneinander geschmiegte Häuser stehen mit der Traufseite zur Straße und halten das Maß von 50 Fuß x 100 Fuß ein, das für den Hausbau vorgeschrieben war. Viele Freiburger Häuser tragen immer noch ihre phantasiereichen alten Bezeichnungen, wie etwa »Zum geharnischten Mann«, »Zur kleinen Meise« oder »Zur Waldaxt«.

Nicht weit davon entfernt, in der Turmstr. 14, öffnet jeden Samstag ein kleines, aber entzückendes Museum seine Tore: das **Fasnet-Museum** im »Zunfthaus der Narren«. Präsentiert wird die Geschichte der Fastnacht vom Mittelalter bis zur heutigen alemannischen Tradition (Sa 10 bis 14 Uhr).

Rund um den Rathausplatz

Den Mittelpunkt auf dem **Rathausplatz** bildet der Brunnen mit der Statue des Franziskanermönchs Berthold Schwarz, der sich um 1354 als Alchimist in der Goldherstellung versuchte und dabei das (Schieß-)Pulver erfunden haben soll. Da dies offensichtlich den Chinesen schon im 11. Jh. gelungen war, gesteht man Berthold inzwischen zu, wenigstens als Erfinder der Steinbüchse (deren Geschosse bis zu 2500 Meter weit flogen) in die Geschichte eingegangen zu sein.

An sonnigen Tagen von Frühjahr bis Herbst sind die Straßencafés rappelvoll, die Freiburger und ihre Gäste genießen bei einem Kaffee die stimmungsvolle Kulisse.

Gleich an der Ecke zur Rathausgasse liegt das ***Neue Rathaus ❸**, das 1896 aus zwei Renaissance-Häusern entstand, indem man diese durch einen Mittelbau verband. Im schönen Rathaushof spielt an Sommerabenden das kleine **Wallgrabentheater,** das im Keller um die Ecke sein Domizil hat.

Zur Freude der Spazier- und Müßiggänger erklingt täglich um 12 Uhr ein Glockenspiel aus dem patinabedeckten Turm. Das ***Alte Rathaus ❹** mit den goldverzierten Fenstern und Türen stammt aus den Jahren 1557–1559. Um die Verwirrung perfekt zu machen, wartet die kleine Turmstraße mit einem noch älteren Rathaus auf, das seit 1547 Gerichtslaube heißt.

Am Ostteil des Platzes stand einst das Franziskanerkloster, in dem Berthold Schwarz lebte. Vom Kloster, das im 19. Jh. dem Rathausplatz weichen musste, blieb nur die Kirche **St. Martin ❺** mit einem Kreuzrippengewölbe (13. Jh.) stehen. Hier predigte 1884–1913 der Volksschriftsteller und Pfarrer Heinrich Hansjakob (Pseudonym Hans am See).

Das rostrote ***Haus zum Walfisch ❻** mit dem spätgotischen ***Portalerker** wurde 1516 für den Großschatzmeister von Kaiser Maximilian I. fertig gestellt; hier wohnte 1529–1531 der Humanist und Katholik Erasmus von Rotterdam nach seiner Flucht aus dem reformierten Basel.

Ein attraktives Einkaufszentrum mitten in der Altstadt ist **Schwarzwald-City** mit eigenem Parkhaus und 37 Geschäften, darunter

Das Haus zum Walfisch

Boutiquen, Bioläden und ein Eiscafé (www.schwarzwald-city.de).

Freiburgs Flair genießen: Mit der Straßenbahnlinie 1 gelangt man zum **Seepark** (dem einstigen Landesgartenschaugelände) – zum Bootfahren, Sonnenbaden, Minigolf-Spielen, um den Enten zuzuschauen, im Biergarten zu hocken oder im »Lago« am Sonntag beim Brunch den Tag zu vertrödeln. Man kann auch mit derselben Straßenbahnlinie einen Ausflug zum **Mundenhof** unternehmen, einem kleinen Zoo mit schönem Biergarten (an der Paduaallee umsteigen in Bus 19; für Autofahrer ausgeschildert).

Rund um den *Münsterplatz

An der »Kajo« (Kaiser-Joseph-Straße), der ehemaligen mittelalterlichen Großen Gass', liegt der *Basler Hof ❼, den sich der Kanzler Kaiser Maximilians I. 1494–1496 aus sieben Häusern

Karte Seite 23

umbauen ließ. Der Name rührt vom Basler Domkapitel her, das sich nach der Reformation 1587–1677 hier im Exil befand. Heute ist der Komplex Sitz des Freiburger Regierungspräsidiums.

Das größte Gedränge herrscht beim **Markt** (Mo–Sa bis 13 Uhr) auf dem Münsterplatz mit seinen farbenprächtigen Blumen-, Obst- und Gemüseständen. Auf der Nordseite stehen heimische Bauern mit ihren Erzeugnissen, auf der südlichen die Händler mit Südfrüchten. Auf der Nordseite wurde 1970 das **Kornhaus ❽** wieder aufgebaut, dessen Vorgänger aus dem Jahre 1498 als Kornspeicher, Schlachthof und Tanzhalle genutzt worden war. Jetzt befinden sich hier Boutiquen und Lokale.

Auf dem Weg zur westlichen Vorhalle des Münsters steht der Fischbrunnen aus dem Jahre 1483. Hier findet im Sommer das Freiburger Weinfest statt. Zum samstäglichen Bummel über den bunten Markt gehört der Genuss einer »Roten« im Stehen, einer Wurst vom Grill mit viel Zwiebeln. Das anschließende badische Viertele kann in den Lokalen rund ums Münster gesürpfelt werden.

Live-Musik von Free Jazz bis Country steht im **Jazz-Haus,** das sich in einem Gewölbekeller etabliert hat, auf dem Programm (Schnewlinstr. 1, Tel. 3 49 73, www.jazzhaus.de). Hier werden auch Blues- und Tango-Festivals veranstaltet.

**Münster Unserer Lieben Frau ❾

Im wahrsten Sinne überragend ist die Kirche mit ihrem 116 m hohen Turm, der wie Stein gewordene Brüsseler Spitze gen Himmel ragt. Der 1340 vollendete Turm mit seinem 45 m hohen Helm beeindruckt durch die Leichtigkeit, mit der er scheinbar ohne Halt in

Karte
Seite
23

den Himmel strebt. Das Geheimnis des Baumeisters, der erstmals auf Eckverstrebungen verzichtete, waren verborgene Eisenanker, die dem »schönsten Turm der Christenheit« (so der Kunsthistoriker Jacob Burckhardt) Stabilität verliehen.

Später wurden der hochgotische Chor mit den 13 Stifterkapellen ausgebaut sowie die »Hahnentürme« erhöht. Erst 1513 war das gotische Meisterwerk vollendet und konnte eingeweiht werden.

So schön das Münster innen ist, mit seinen farbigen Fenstern aus dem 13. bis 16. Jh. und dem Hochaltar von Hans Baldung (gen. Grien) von 1516, so beeindruckt es doch von außen am meisten: Die unzähligen Figuren, Madonnen, Engel und Wasserspeier lassen sich am besten bei einer Führung verstehen.

Das Historische Kaufhaus

Zum Münsterbesuch gehört auch ein Aufstieg in die Turmwächterstube im 3. Geschoss, zu der man über 206 Treppenstufen gelangt, vorbei an der Glocke Hosanna von 1258, die jeden Freitag um 11 Uhr schlägt, bis hinauf zur Plattform, wo ein Blick bis in die jenseits des Oberrheingrabens gelegenen Vogesen die Mühe belohnt.

Auf der südlichen Marktseite steht das Barockpalais der Breisgauer Ritterschaft, das seit 1832 als **Erzbischöfliches Palais** dient.

*Historisches Kaufhaus ⑩

Weiter östlich springt das Kaufhaus durch seine rostrote Farbe, den Arkadengang, die Treppengiebel und zwei wappengeschmückte Erker ins Auge. Die Wappen zeigen die Habsburger Besitzungen zur Regierungszeit Kaiser Karls V., der 1558 starb. Von links nach rechts stellen die Figuren an der Fas-

*Blick vom Münsterturm
auf den Münsterplatz*

sade Kaiser Maximilian I., seinen Sohn Philipp den Schönen, Kaiser Karl V. und König Ferdinand I. dar. Ein unbekannter Baumeister schuf dieses Schmuckstück ca. 1520. Die Stadt nutzte das Gebäude für ihren Salzvorrat, die Stadtkasse und als Zollhaus für auswärtige Händler; heute hält sie hier Veranstaltungen ab.

*Wentzingerhaus

In dem benachbarten »Haus zum Schönen Eck«, von einem der bedeutendsten Barockarchitekten am Oberrhein, Christian Wentzinger 1761 bis 1765 errichtet, (schönes Treppenhaus und ein Deckengemälde des Künstlers), residiert heute das **Museum für Stadtgeschichte** (Öffnungszeiten s. S. 30).

Nebenan lädt in der denkmalgeschützten Alten Hauptwache von 1733 das **Haus der Badischen Weine** Weinliebhaber zu einer Kostprobe mit ausgesuchten Spitzenprodukten ein. Veranstaltungsräume bis 75 Personen stehen zur Verfügung.

Karte Seite 23

Schwabentor, Schlossberg

Von der Münzgasse gelangt man in die *Konviktstraße, die hübsche kleine Geschäfte und Lokale aufweist. Angeblich Deutschlands ältestes Gasthaus ist der **Rote Bären** (1387) in Oberlinden, kurz vor dem 1200 erstellten **Schwabentor ⓫**, durch das im Mittelalter Händler in die Stadt zogen. Die Turmstube beherbergt die Zinnfigurenklause mit vielen Dioramen.

Eine Fußgängerbrücke führt zum **Schlossberg,** dessen Panoramaweg vom Restaurant **Greiffeneggschlösschen** mit Biergarten zum Restaurant **Dattler** verläuft. In gut 20 Minuten erreicht man von hier den Aussichtsturm auf dem Schlossberg (Panoramablick). Wer nicht zu Fuß gehen mag, kann vom Stadtgarten unterhalb des Dattler die kleine Seilbahn benutzen.

Der Augustinerplatz

Ein malerischer Winkel Freiburgs ist die *Insel** unterhalb des Schwabentors mit der Ölmühle, von der aus eine Brücke über den Gewerbekanal zum Biergarten und zum **Augustinerplatz** mit dem **Natur- und Völkerkundemuseum ⓬** führt. Der Platz ist in warmen Sommernächten eine beliebte Open-Air-Bühne für Straßenkünstler. Jongleure und Straßenmusikanten verzaubern ihr buntes Publikum, das, eingedeckt mit Wein und Pizza, auf dem Straßenpflaster Platz nimmt. Nur einen Steinwurf entfernt liegt der inzwischen zur Institution gewordene **Feierling-Biergarten** mit schattenspendenden Kastanienbäumen.

★ Über Kulturveranstaltungen informiert ausführlich das monatliche Freiburg aktuell (überall im Handel erhältlich).

Im Komplex des 1278 gegründeten Augustiner-Eremiten-Klosters ist das **Augustinermuseum ⓭** mit zahlreichen Kirchenschätzen und einer Kunstsammlung untergebracht. Parallel zur Gerberau verläuft die idyllische Fischerau mit der barocken Kirche des **Adelhauser Neuklosters** und dem **Museum für Neue Kunst** in der Nähe.

Vom *Martinstor zum Bahnhof

Das **Martinstor ⓮** mit dem Turm von 1220 wurde 1901 aufgestockt. Ein besonderer Anziehungspunkt ist die ***Markthalle ⓯** mit ihren ethnischen Küchen und der **Osteria Oporto,** in der bei klassischer Musik Portwein, Vino Verde und französischer Rotwein kredenzt werden. Die Nachtschwärmer werden in den Discos zwischen Martinstor und Universität aktiv. Die Fassaden der **Deutschordenskommende** (1768) von Bagnato und des ungefähr gleichaltrigen **Sickingen-Palais ⓰** wurden originalgetreu wieder aufgebaut.

Viel los ist abends in der Bertoldstraße beim Theater und Cinemaxx-Komplex. Im **Karma**, Bertoldstr. 51-53, Tel. 20 74 50, trifft man sich im »Public Livingroom« (Restaurant, Club und Terrasse) bei Sushi, Snacks, Pastavariationen oder Fleischgerichten. Beliebt sind die Partnerplatten, die individuell zusammengestellt werden können.

Zum Bahnhof zurück führt die Bertoldstraße, an der die Alte Universität, die barocke **Universitätskirche** und die Uni-Gebäude liegen. Großstädtisch wirkt der Komplex am Theater mit vielen Geschäften und einem Kinocenter. Beim neu erbauten Bahnhof liegt auch das **Konzerthaus,** Freiburgs Kultur- und Kongresszentrum.

Man sitzt gut in der Markthallen-Osteria

Einen Besuch wert ist das neue **Planetarium** am Hauptbahnhof mit hochinteressanten Multimediashows über den Urknall, Supernovas, das All und die Zeit (Bismarckallee 7 g, Info: Tel. 3 89 06 30, www.planetarium-freiburg.de).

Wer im Juni in Freiburg ist, sollte das **Zelt-Musik-Festival** nicht versäumen (Mundenhofgelände, s. S. 25). Überhaupt ist hier im Sommer jede Menge los, z. B. beim **Fest der Innenhöfe** in der Altstadt oder beim **Sommerklang,** wenn im Innenhof des Augustinermuseums Barockmusik erklingt (Infos: www.freiburg.de).

Der ****Schauinsland**

Man kann den 1284 m hohen Hausberg Freiburgs, den Schauinsland, per Straßenbahn 4, Bus und Seilbahn erklimmen. Wer mit dem Wagen fährt, kann einen Abstecher in den malerisch gelegenen Höhenort **Horben** mit zwei schönen Gasthöfen und langen Spazierwegen unternehmen. Der

Schauinsland ist ein Wander- oder Skilanglaufgebiet, für manche auch nur eine »Sonnenbank«, wenn im Tal dicker Nebel herrscht.

Karte Seite 23

Ein Spaß auch für Kinder ist ein Besuch im alten **Schniederli-Hof** in Hofsgrund, zu dem von der Gipfelstation der Schauinslandbahn ein halbstündiger Spaziergang führt (Juli/Aug. tgl., Mai/Juni Sa/So, sonst feiertags 10 bis 17.30 Uhr). Der Führer berichtet engagiert über die Lebensweise in der angeblich so guten alten Zeit.

Mit einem Kombiticket der Schauinslandbahn kann man auch das **Museumsbergwerk** besuchen, das am Gipfelparkplatz des Schauinsland ausgeschildert ist (Mai/Juni und Sept./Okt. Mi, Sa, So 11–17 Uhr, Juli/Aug. tgl. 11–17 Uhr; Tel. 2 64 68).

Infos

ℹ Tourist-Information,
Rotteckring 14, 79098 Freiburg,
Tel. 07 61/3 88 18 80, Fax 3 70 03,
www.freiburg.de.
❚ **Öffnungszeiten der Städtischen Museen:** alle Di–So 10–17 Uhr.

Flughafen: EuroAirport Basel–Mulhouse–Freiburg (70 km) mit Zubringerbus nach Freiburg (Bus-Info Tel. 07 61/44 13 13).
Bahn- und Busverbindungen: Freiburg ist mit ICE, IC oder EC im Stundentakt erreichbar, außerdem mit dem Autoreisezug ab Hamburg und Düsseldorf. Fahrplan-Auskunft für Busse und Bahnen am Omnibusbahnhof.
Die Monats- oder Tages-Regiokarte, mit der man mit Zug oder Bus bis in den Schwarzwald, nach Emmendingen oder ins Markgräfler Land kommt, ist besonders günstig. An Wochenenden gibt es Busse mit Radan-

Karte
Seite
23

hängern auf die Höhen (Tel. 3 61 72). Infos über Bus und Bahn in der Salzstr. 3 beim Kaufhof.

Colombi, Rotteckring 16 (am Colombipark), Tel. 2 10 60, Fax 3 14 10, www.colombi.de. Luxushotel mit 120 Zimmern und Suiten, Beautyfarm. Die Sterneküche bietet exklusive Kochkurse an. ❍❍❍

▪ **Zum Roten Bären,** Oberlinden 12, Tel. 38 78 70, Fax 3 87 87 17, www.roter-baeren.de. Deutschlands ältester Gasthof. ❍❍❍

▪ **City Hotel,** Weberstr. 3, Tel. 38 80 70, www.cityhotelfreiburg. de. Im Herzen der Stadt, freundliche, Zimmer, Tiefgarage in der Nähe. ❍❍

▪ **Schwarzwälder Hof,** Herrenstr. 43, Tel. 38 030, Fax 3 80 31 35, www.shof.de. Gemütliche Zimmer in der ehemaligen Münze. ❍❍

▪ **Katholisches Lehrlingsheim,** Kartäuserstr. 41, Tel. 2 11 16 30, www.lehrlingsheim.de. Schüler und Studenten erhalten Sonderpreise.

Colombi, siehe Hotel Colombi (s. S. 30). Restaurant der Spitzenklasse und gepflegtes Café. ❍❍❍

▪ **Zum Löwen,** Stadtteil Lehen, Breisgauer Str. 62, Tel. 8 22 16. Regionale Küche in heimeliger Atmosphäre. ❍❍

▪ **Kreuzblume,** Konviktstr. 31, Tel. 3 11 94. Eine feine Mischung aus französischer und badischer Küche. ❍❍

▪ **Zum Löwen,** Herrenstr. 47. Für seine Schweinshaxen bekannt, die man hier bis 3 Uhr morgens serviert! ❍

▪ **Oberkirch,** Münsterplatz 22. Gemütliche Atmosphäre, badische Küche. ❍

Cräsh, Schnewlinstr. 3. Wilder Punkladen mit Drifter's Club (Do–Sa ab 23 Uhr).

▪ **Waldsee,** Waldseestr. 84. Musikkneipe mit Terrasse und Freilichtkino am Wochenende (im Hochsommer).

 ★★Baden-Baden

Wo schon die alten Römer baden gingen

Ein Weltbad mit 53 000 Einwohnern – das ist Baden-Baden heute. Im 19. Jh. zog die Stadt die Prominenz an: Bismarck, Brahms, Chopin, Wagner, Victor Hugo, Mark Twain, Königin Victoria und Kaiser Wilhelm I. zierten die Gästelisten. Heute gibt es für die Reichen und Schönen verschwiegene Privatsanatorien und Luxushotels mit eigenem Thermalanschluss. Mondänes Flair erhält Baden-Baden durch die Rennbahn im nahen Iffezheim, das neue Festspielhaus und die Spielbank, Schauplatz von Dostojewskis Roman »Der Spieler«.

Die Kombination aus mondäner Welt und gemächlichem Kurleben gibt Baden-Baden sein Flair. Die Stadt ist auch ein günstiger Ausgangspunkt für Ausflüge in die Region.

Geschichte

Im 1. Jh. nutzten die Römer die heißen Quellen und bauten die Therme *Aquae Aureliae* für ihre Soldaten. 1112 ließ sich Hermann II. von Zähringen als Markgraf von Baden auf der Burg Hohenbaden nieder. Nach 1473 erfuhr das Thermalleben durch einen Kuraufenthalt Kaiser Friedrichs III. Auftrieb. 1479 zogen die Markgrafen ins Neue Schloss über dem Marktplatz. Das vorläufige Ende kam 1689 in Gestalt französischer Truppen, die Stadt und Burg zerstörten. Der wegen seiner Siege über die Türken allgemein »Türkenlouis« genannte Markgraf Ludwig Wilhelm verlegte daraufhin 1706 seine Residenz in das Schloss von Rastatt.

Baden-Baden hat elegante Geschäfte

Stilvoll: Trinkhalle im Kurgarten

Als Großherzog Karl Friedrich von Baden 1806 in das Schloss zurückkehrte, entwickelte sich das Bad rasant. Kurhaus und Casino lockten alles, was Rang und Namen hatte, in die »Sommerhauptstadt Europas«.

Wer einen **Wellness-Urlaub** in Baden-Baden plant, kann sich kostenloses Informationsmaterial von folgender Adresse zuschicken lassen: Baden-Baden Kur- & Tourismus-GmbH, Solmsstr. 1, 76530 Baden-Baden, www.baden-baden.com, Tel. 0 72 21/ 27 52 00, Fax 27 52 02.

Augustaplatz und Kurgarten

Der Rundgang beginnt am **Augustaplatz ❶**. Von hier führt der Weg über die Oos hinweg zur berühmten Lichtentaler Allee, die sich im Osten bis zum Lichtentaler Kloster hinzieht – eine Allee, die zu den beliebtesten Inline-Skating-Strecken der Stadt zählt.

Die **Staatliche Kunsthalle ❷** hinter der Büste von Kaiserin Augusta in einem Jugendstilgebäude zeigt wechselnde Ausstellungen. Daneben hat eines der schönsten deutschen **Theater ❸** seinen Platz, 1860–1862 im Stil der Pariser Oper errichtet.

Seit 2004 ist die **Sammlung Frieder Burda,** eine hochkarätige Kollektion von Kunstwerken der klassischen Moderne (www.sammlung-frieder-burda. de), in einem Gebäude des New Yorker Stararchitekten Richard Meier eröffnet. In der Nachbarschaft präsentiert das **Stadtmuseum ❹** auf zwei Etagen die 2000-jährige Geschichte von Baden-Baden.

Kurhaus ❺

Nur einen Steinwurf entfernt schlägt im Kurgarten das Herz Baden-Badens. Der als Konversationshaus errichtete Bau wurde 1821 bis 1824 von dem klassizistischen Städtebauer Friedrich Weinbrenner geschaffen, jedoch mehrmals umgebaut. Der linke Gebäudekomplex beherbergt ein Restaurant, den schönen Mittelteil stützen acht korinthische Säulen mit einer Wandelhalle, die von einem Fries mit Greifen abgeschlossen wird. Im Weinbrenner-Saal ist bei schlechtem Wetter Kurkonzert.

Außen eher unscheinbar, entfaltet im Inneren des rechten Kurhausflügels das ****Spielcasino** große Pracht. 1838 ließ Jacques Bénazet den Weinbrenner-Saal als Spielbank »aufpolieren«. Sein Sohn Edouard setzte dem Ganzen die Krone auf, indem er 1853 im rechten Flügel das Casino im Stil französischer Königsschlösser ausstatten ließ (Führungen tgl. 10–12 Uhr).

Karte Seite 32

Wer sein Glück bei Roulette und Black Jack versuchen will, sollte sich im Stil des Hauses in Schale werfen (Roulette tgl. ab 14, Black Jack tgl. ab 17 Uhr).

Trinkhalle ❻

Das Gebäude (1839–1842) seiner 90 m langen Wandelhalle, korinthischen Säulen und 14 farbigen Fresken beherbergt seit 2000 die Gästeinformation und einen Ticketschalter.

Hinauf zum Neuen Schloss

In der Fußgängerzone führt die Hirschstraße steil bergauf zum Marktplatz mit Rathaus und **Stiftskirche ❼**. 1689 wurde der Bau größtenteils zerstört, danach barock und neugotisch wiederaufgebaut. Sehenswert sind die Grabdenkmäler, unter denen das des »Türkenlouis« auffällt, das Sakra-

mentshäuschen (ca. 1490) sowie das 5,60 m hohe Kruzifix (1467) von Nicolaus Gerhaert von Leyden.

Über steile Treppen geht es hinauf zum **Neuen Schloss ❽**. 1995 erregte die 90-Millionen-Versteigerung der markgräflichen Schätze durch das Londoner Auktionshaus Sotheby Aufsehen. Die ehemalige Unterburg am Florentinerberg (1370) diente von

❶ Augustaplatz
❷ Staatliche Kunsthalle/ Sammlung Frieder Burda
❸ Theater
❹ Stadtmuseum
❺ Kurhaus/Casino
❻ Trinkhalle und Information
❼ Stiftskirche
❽ Neues Schloss
❾ Friedrichsbad
❿ Caracalla-Therme
⓫ Römische Badruinen
⓬ Festspielhaus

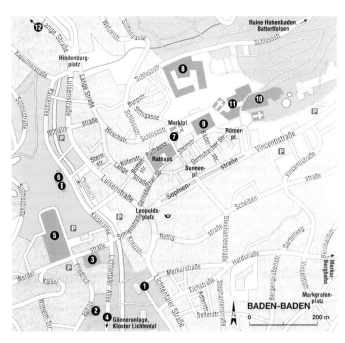

Skulpturendekor an der Rückseite des Friedrichsbades

Die Caracalla-Therme

Karte
Seite
32

1479 bis zur Zerstörung 1689 als Hausschloss der Markgrafen von Baden und war nach der Restaurierung von 1804 bis 1918 deren Sommerresidenz. Von den Südterrassen bietet sich ein schöner Rundblick auf die Umgebung.

⭐ Einen herrlichen **Panoramablick** über die Stadt genießt man vom Merkur (668 m) aus. Man kann wandern oder ganz gemütlich mit der Standseilbahn hinauffahren.

Bäder und Kultur

Das **Friedrichsbad ❾** grenzt an das Gebiet, auf dem ab 1868 der Thermalstollen gebaut wurde. 800 000 Liter der Friedrichs-, Fett- und Murgquelle sprudeln täglich an die Oberfläche und werden den Bädern zugeführt. Der Renaissancebau von 1877 birgt einen besonderen Schatz in Form des Römisch-Irischen Bades. In den Marmorhallen baut ein 15-Punkte-Programm den Stress ab. Neben der Klosterkirche vom Hl. Grab bietet die **Caracalla-Therme ❿** auf 3000 m² alles, was man von einer modernen Bade- und Saunalandschaft begehrt (s. S. 8).

⭐ Die **Römischen Badruinen ⓫** sind nach aufwändiger Reno-

vierung wieder geöffnet und bieten ein eindrucksvolles Bild antiker Badekultur (Mitte März–Mitte Nov. 11–13 und 14–17, sonst 14–17 Uhr).

Musikfreunde können im neuen **Festspielhaus ⓬** am alten Bahnhof, dem zweitgrößten Opern- und Konzerthaus Europas, internationalen Künstlern lauschen (Informationen und Reservierungen: Tel. 3 01 31 01, www.festspielhaus.de).

Kloster Lichtental und Brahms-Museum

An der Gönneranlage mit schönen Rosen vorbei gelangt man zum **Kloster Lichtental** (5 km), das seit 1245 von Zisterzienserinnen geführt wird. Klostergebäude (18./19. Jh.) und Museum können besichtigt werden (Di

Wandern & Klettern

Per pedes oder mit dem Auto gelangt man zur Ruine Hohenbaden und zum Klettergebiet Battertfelsen nordöstlich der Stadt mit zum Teil schwierigen Routen. Von der Ruine reicht der Blick bis Gernsbach und zur Burg Eberstein im Murgtal.

Karte Seite 32

bis So 15 Uhr, 1. So geschl.). Brahms-Fans besuchen im Stadtteil Lichtental auch das **Brahms-Museum** in dem Haus, das der Komponist bei seinen Sommeraufenthalten 1865–74 bewohnte (Maximilianstr. 85, Mo, Mi, Fr 15–17, So 10–13 Uhr, www.brahms-baden-baden.de).

Infos

Tourist-Information, Schwarzwaldstr. 52, 76530 Baden-Baden, Tel. 0 72 21/27 52 00, Fax 27 52 02, www.baden-baden.de.

Brenners Park-Hotel, Schillerstr. 6, www.brenners.com, Tel. 90 00, Fax 3 87 72. Luxus pur für die Gäste der 100 Zimmer und Suiten,

Spa-Bereich mit großem Massageangebot, neben Lomi-Lomi oder Shiatsu auch eigene Arrangements. ○○○

❚ **Friedrichsbad,** Gernsbacher Str. 31, www.hotel-am-friedrichsbad.de, Tel. 39 63 40. Denkmalgeschütztes Haus, böhmische Küche. ○○

❚ **Am Markt,** Marktpl. 18, Tel. 27 040, www.hotel-am-markt-baden.de. Hotel garni mit familiärer Atmosphäre. ○○

 Alde Gott, Neuweier, Weinstr. 10, Tel. 0 72 23/55 13. Gourmettempel; Reservierung ratsam. ○○○

❚ **Café König,** Lichtentaler Str. 12. Empfehlenswertes Kaffeehaus. ○○

❚ **Weinstube im Baldreit,** Küferstr. 3. Romantischer Innenhof. ○

Max's, Kaiserallee 4, angesagte Diskothek (Do–So ab 21 Uhr).

Im Galopp nach Iffezheim

Nur etwa 14 km in nordwestlicher Richtung liegt Iffezheim von Baden-Baden entfernt – ein beschaulicher kleiner Ort, in luftiger Höhe überragt von einem Storchennest. Dreimal im Jahr ist es allerdings mit der Ruhe für Störche und Dorfbewohner vorbei – in der Woche um Fronleichnam, Ende August und Ende Oktober, wenn sich lange Bus- und Autoschlangen durch die Straßen ziehen und das Publikum der Iffezheimer *Galopprennbahn zustrebt, um das Frühjahrsmeeting, die Große Woche oder das Sales & Racing Festival zu besuchen.

Wer sich dann gerade im Nordschwarzwald aufhält, sollte sich das Ereignis nicht entgehen lassen, selbst wenn er nur knapp einen

Vollblüter von einem Shetlandpony unterscheiden kann. Iffezheim ist nämlich mit seiner großzügigen, gepflegten Anlage, dem edlen Blumenschmuck und den historischen Tribünengebäuden nicht nur eine der schönsten Rennbahnen Europas. Vielmehr lohnt neben dem hochklassigen Flach- und Hindernisrennsport auch das Drumherum einen Besuch – mit sachkundigem Publikum aus aller Welt, Pferdebesitzern vom Scheich bis zum Industriemagnaten sowie mondänen und glamourösen Gästen aus der nahen Kurstadt. Und nicht zuletzt auch mit vielen ganz normalen Menschen, die einfach nur einen unterhaltsamen Nachmittag verbringen und ihr Glück mit einer kleinen oder größeren Wette aufs Pferd setzen wollen.

Tour 1

Klassiker im Südschwarzwald

Freiburg → Hinterzarten → *Titisee → **Feldberg → *Schluchsee → *St. Blasien → *Waldshut → Bad Säckingen → *Wehratal → Todtmoos → Präg → Todtnau (230 km)

Wer diese Strecke fährt, teilt sie mit vielen anderen Schwarzwald-Besuchern. Die teilweise zur Rennstrecke mutierten Bundesstraßen 31 und 500 mit den Besuchermagneten Titisee, Schluchsee und Feldberg leiden unter dem Fluch des Erfolgs. Um einiges ruhiger ist es da im Hotzenwald, dessen schöne Städte Waldshut, Laufenburg und Bad Säckingen zu einem Bummel einladen. Bei einer Fahrt durchs wildromantische Wehratal zeigt sich der Schwarzwald von seiner Bilderbuchseite. Die Naturschönheiten erschließen sich jedoch nur dem, der seinen fahrbaren Untersatz stehen lässt und auf Schusters Rappen die Gegend erkundet.

Das Höllental

Nachdem sie den Stadttunnel von Freiburg hinter sich gelassen hat, führt die B 31 zunächst durch das sanfte Dreisamtal und steigt anschließend durch das wilde Höllental hinauf auf die Schwarzwaldhöhen.

Gelegenheit, einen typischen Berggasthof kennen zu lernen, bietet ein Abstecher (13 km) über Kirchzarten und Oberried zum **Stollenbacher Hof** (Tel. 0 76 61/45 19, Di

geschl.) am Zastler auf 1092 m Höhe. Kindern gefällt der **Bergwildpark Steinwasen** bei Oberried (9–18 Uhr) mit Sommerrodelbahn, Steinböcken, Murmeltieren und Wildschweinen.

1

Karte
Seite
44

Hinter Himmelreich mit seinem traditionsreichen Gasthof gleichen Namens wird das **Höllental** bis in die nur 20 m breite Felsschlucht beim Hirschsprung immer enger. 1770 hatte die Durchreise der 14-jährigen österreichischen Prinzessin Marie Antoinette den Schwarzwäldern den Ausbau der Höllentalstrecke beschert.

Im tief eingeschnittenen Höllental zeigt ein Besuch der **Glashütte am Hofgut Sternen** (Mo–Fr 10–12 und 14–16 Uhr außer am Mittwochnachmittag), warum es »ein unendlich Kreuz« ist, Glas zu machen. An der Glashütte beginnt der Aufstieg durch die Ravennaschlucht (s. S. 36).

Hinterzarten ❶

Enge Kurven führen auf die Hochfläche nach Hinterzarten (2500 Einw.; 850–1200 m), das mit seinen Wander- und Skisportmöglichkeiten nicht nur zu den Wochenend-Favoriten der Freiburger zählt.
    Eingebettet in die schöne Wiesen- und Waldlandschaft, den Titisee in nächster Nähe, genießt der heilklimatische Kurort auch im Ausland großes Ansehen. Dafür sorgte nicht zuletzt die Familie Thoma, die mit dem Olympiasieg von Georg Thoma in der Nordischen Kombination 1960 Hinterzarten ins Blickfeld rückte und den Skisport im Schwarzwald populär machte. Skispringer Dieter Thoma übertrumpfte dann seinen Onkel, holte ganze zwölf Mal Gold bei Weltcup-Springen, wurde 1990 Sieger der Vierschanzen-

Karte Seite 44

Auch in Hinterzarten gibt es Nobelherbergen

Fei 12–17 Uhr, www.schwarzwaelder-skimuseum.de).

Wer sich für Wintersport weniger begeistert, wird Freude an den Wanderwegen haben, die sich z. T. auch für wenig Geübte eignen. Mindestens drei Stunden nimmt der **Heimatpfad** in Anspruch, der sich durch das Löffeltal zieht und durch die romantische ***Ravennaschlucht** bis nach Breitnau führt. Busse sorgen von dort für den Rücktransport nach Hinterzarten.

i Hinterzarten-Tourismus, 79856 Hinterzarten, www.hinterzarten.de, Tel. 0 76 52/12 06 42, Fax 12 06 49.

Bahnverbindungen: Von Freiburg mit der Höllentalbahn im Halbstundentakt. Direkter Anschluss von München sowie Kurswagen von Norddeich.

tournee und kehrte 1998 mit seinen Kollegen Martin Schmitt, Sven Hannawald und Hansjörg Jäkle von den Olympischen Spielen in Nagano mit der Mannschafts-Silbermedaille heim. Trainiert wird an der Adlerschanze bei Hinterzarten, dem Olympia-Trainingsstützpunkt. Seit 1982 werden hier auch Wettbewerbe wie das FIS-Grand-Prix-Sommerskispringen ausgerichtet, zu denen die Weltelite anreist. Nicht zuletzt auch durch die Schanze in Titisee (s. S. 37) entwickelte sich die Region zum bedeutenden Wintersportgebiet.

Im Winter steht die **Wintersportschule Thoma** hoch im Kurs: Seebuck, www.skischule-thoma.de, Tel. 0 76 76/9 26 88.

Wo die Familie Thoma und Sven Hannawald, der Vierschanzen-Sieger von 2002, leben, ist ein Museum über Ski gerade richtig platziert: das **Skimuseum** berichtet über die Art von Brettern, die für viele die Welt bedeuten (Im Hugenhof, Di, Mi, Fr 15–17, Sa, So,

Parkhotel Adler, Adlerplatz 3, www.parkhoteladler.de, Tel. 12 70, Fax 12 77 17. Luxuriöse Zimmer, Suiten, großes Freizeitangebot, sieben gemütliche Restaurants. ○○○

▮ **Kesslermühle,** Erlenbrucker Str. 45, www.kesslermuehle.de, Tel. 1290. Familiär geführtes Haus mit feiner Küche, Wellness, Kosmetik und großem Unterhaltungsprogramm. ○○○

▮ **Thomahof,** Erlenbrucker Str. 16, www.hotel-thomahof.de, Tel. 12 30, Fax 12 32 39. Großes Haus mit vielen Fitnessangeboten; gutes Restaurant mit regionalen Spezialitäten. ○○

▮ **Adler Bellevue,** Adlerweg 25, www.adler-bellevue-hinterzarten.de, Tel. 76 52. Feine Ferienwohnungen, Sonderpreise für die Badelandschaft des Parkhotels Adler. ○○

Zum Holzschopf, Freiburger Str. 3a, Tel. 273. Italienische Köstlichkeiten in einem original Schwarzwälder Hüsli. ○○

∎ **Café Unmüßig,** Adlerweg 5. Etwa zwanzig verschiedene Sahnetorten stehen zur Auswahl.

*Titisee ❷

Eine schöne Seepromenade besitzt das renommierte Titisee östlich von Hinterzarten. Der größte Natursee (2 km lang und 750 m breit) des Schwarzwalds steht auf dem Programm vieler Busunternehmen, und entsprechend groß ist der Rummel um das Gewässer, auf dem sich Boote und Ausflugsschiffe tummeln. Die Seestraße lädt zum Sehen und Gesehenwerden ein. Selbst das Nachtleben blüht in den Hotelbars – nach Einsamkeitsgefühlen auf menschenleeren Wanderpfaden für manche Besucher die ideale Therapie.

Natürlich bietet der Heilklimatische Kurort zahlreiche Wander- und Wintersportgelegenheiten, zu denen Rodeln, Langlauf und Eislaufen gehören. 60 km Loipen führen durch den verschneiten Winterwald, Langlauf-Könner wie -Anfänger gleichermaßen haben hier ideale Trainingsvoraussetzungen. Wer sich in der Abfahrt üben möchte, der kann Kurse in der Skischule von Egon Hirt (s. S. 10) belegen.

Und für alle, die lieber dem Zuschauersport frönen als selbst auf den Skiern zu stehen: Titisee besitzt eine der größten **Skisprungschanzen** der Welt (120 m), auf der Weltcup-Springen ausgetragen werden, an denen die gesamte internationale Elite teilnimmt.

Ausflüge von Titisee

Als Standardausflug gilt eine Fahrt nach **Bärental,** das man von Titisee mit dem Wagen auf der Straße über die Bruderhalde oder mit dem Zug erreicht. Ein weiterführender Spaziergang schließt den **Feldsee** am Fuße des Feldbergs ein, wobei der Ausflugsgasthof **Raimartihof** (Di geschl.) am Wege liegt.

Ein geographisches Anhängsel von Titisee – genau genommen heißt der Ort nämlich Titisee-Neustadt (11 000 Einw.; 800–1200 m) – ist das 5 km entfernte **Neustadt.** Als Ausgangspunkt für Ausflüge in das idyllische Viertäler Tal ziehen viele Urlauber Neustadt dem turbulenten Titisee vor.

Karte Seite 44

1

i **Tourist-Information,** 79822 Titisee, www.titisee.de, Tel. 0 76 51/98 04–0, Fax 98 04 40.

🏠 **Treschers Schwarzwaldhotel am See,** Seestr. 10, www.schwarzwaldhotel-trescher.de, Tel. 80 50, Fax 81 16. Sehr gepflegtes Haus im Schwarzwaldstil. ○○○
∎ **Josen,** Jostalstr. 90, www.josen.de, Tel. 91 81 00, Fax 9 18 10 44. Komfortables Hotel mit Zimmern, Appartements und Hallenbad. ○○
∎ **Maritim Titisee-Hotel,** Seestr. 16, www.maritim.de, Tel. 80 80, Fax 80 86 03. Freundlicher, familiärer Hotelpark direkt am See. ○○

⭐ Wellness-Wochen mit Fußreflexzonenmassage, Cellulitisbehandlung, Rückenmassage, Wassergymnastik, Wirbelsäulengymnastik, Sauna, Dampf- und Schwimmbad bietet das **Seehotel Wiesler** an, das sehr umweltbewusst geführt wird (Strandbadstr 5, www.seehotelwiesler.de, Tel. 0 76 51/9 80 90, ○○○).

Der **Feldberg ❸

Was der höchste Berg (1493 m) des Schwarzwalds auf seinem kahlen Buckel erleiden muss, gab zeitweilig

Schnee kann es am Feldberg fast zu jeder Jahreszeit geben

Anlass zur Sorge. Die Quote von etwa 500 000 Sommerbesuchern pro Jahr hat mittlerweile auch hier einen »Ranger« auf den Plan gerufen, der die seltenen Alpenpflanzen und Hochmoore des seit 1938 unter Naturschutz stehenden Feldbergs schützen soll. Er zeigt bei geführten Wanderungen die Besonderheiten der subalpinen »Insel« im Mittelgebirge.

Das 1996 eröffnete **Naturschutzinformationszentrum Südschwarzwald** in Feldberg-Ort (Dr.-Pilet-Spur 4, Tel. 0 76 76/9 33 60) hat Broschüren über diverse Rundwanderwege vorrätig. Zu den populärsten Wegen gehört die 15 km lange Tour Nr. 5, die in vier Stunden zu bewältigen wäre, würden sich nicht fünf bewirtete Hütten für mehr oder weniger lange Pausen anbieten.

Im **Haus der Natur** des Naturschutzinformationszentrums informiert eine **interaktive Ausstellung** über die Besonderheiten des Feldbergs und des Südschwarzwalds.

Dass der Feldberg eines der schneesichersten Gebiete des Schwarzwalds ist, versteht sich von selbst, schwebt doch selbst im Juli ab und zu eine Schneeflocke vom Himmel. 26 Lifte, 36 Abfahrtsstrecken, alle Arten von Skischulen, kilometerlange Loipen und neue Schneekanonen im Ortsteil

Fahl und am Seebuck lassen die Herzen der Skiläufer höher schlagen. An den Wochenenden werden hier häufig Veranstaltungen für Kinder und Jugendliche angeboten (s. S. 6 f.), wie z. B. das beliebte Buckelpistenrennen. Ein Schneetelefon des Liftverbunds (Tel. 0 76 76/12 14) gibt die aktuellen Wetterverhältnisse bekannt.

i **Tourist-Information,** 79868 Feldberg, www.feldberg-schwarzwald.de, Tel. 0 76 76/ 93 36 66, und Ortsteil Altglashütten, Kirchgasse 1, 79868 Feldberg, Tel. 0 76 55/80 19, Fax 8 01 43.

Bahnverbindungen: Bahnhöfe Bärental oder Altglashütten-Falkau. Viele Hotels bieten ihren Gästen einen Abholservice vom Bahnhof an.

Feldberger Hof, Am Seebuck 10, www.feldberger-hof.de, Tel. 0 76 76/1 80, Fax 12 20. Nahe bei den Skiliften, mit Badelandschaft und Unterhaltungsprogramm. ◐◑
▌ **Adler,** OT Bärental, www.adler-feldberg.de, Tel. 0 76 55/93 39 33, Fax 93 05 21. Schön eingerichtete Bauernzimmer und gute Schwarzwälder Küche, auch Vollwert. ◐◑
▌ **Almgaststätte Baldenweger Hütte,** Tel. 0 76 76/3 53. Sommeralm mit einfachen Zimmern, sehr preiswert. ◐

⭐ Wer den Hochschwarzwald im Radsattel kennen lernen will, kann Fahrräder für Erwachsene und Kinder ausleihen bei: **Hans Bauer,** Benzenweg 3, 79868 Feldberg-Falkau, Tel. 0 76 55/6 23, Fax 16 85, E-Mail: hans-bauer-feldberg@t-online.de.

Karte Seite 44

*Schluchsee ❹

Vorbei am Ortsteil Altglashütten mit seiner bekannten Glasbläserhütte geht es nach Schluchsee (2700 Einw.; 930 bis 1300 m). Durch eine 64 m hohe Staumauer wurde hier ein stattlicher See von 7,3 km Länge und 1,5 km Breite aufgestaut. Neben seiner Funktion bei der Energiegewinnung dient das schöne Gewässer seit langem als Sportparadies für Segler, Surfer und Taucher.

⭐ Ein lohnender Spaziergang führt von Blasiwald zum Schluchseeufer und weiter zur Vesperstube **Unterkrummenhof** (Mo geschl.). Wasserratten, und solche, die es noch werden wollen, können sich im Spaßbad **Aqua Fun** austoben.

Biertrinkern könnte der nahegelegene Ort **Rothaus** bei Grafenhausen ein Begriff sein. Die vielen noch heute bestehenden Brauereien im Schwarzwald gehen auf Kaiserin Maria Theresia zurück, die deren Gründung anordnete, um »den Schnapskonsum der Bauern einzuschränken«.

⭐ Ganz in der Nähe liegt das idyllische **Heimatmuseum Hüsli** (Di–Sa 10–12, 13.30–17 Uhr, So/Fei 13.30–17 Uhr, Tel. 0 77 48/2 12). Das Schwarzwaldhaus wurde von der Konzertsängerin Helene Siegfried 1911 erbaut und mit originalen Teilen alter Höfe ausgestattet.

Der Schluchsee, beliebtes Ziel der Wassersportler

ℹ️ **Tourist-Information,** 79859 Schluchsee, www.schluchsee.de, Tel. 0 76 56/77 32, Fax 77 59.

🏠 **Parkhotel Flora,** Sonnhalde 22, www.parkhotel-flora.de, Tel. 0 76 56/0 74 20, Fax 14 33. Verwöhnhotel am Kurpark im Familienbesitz. Das neu erbaute »Haus am Park« verfügt über drei Ferienwohnungen. ❍❍❍–❍❍
▮ **Wochners Hotel Sternen,** Dresselbucher Str. 1, Tel. 98 87-0, Fax -59, www.sternen-schluchsee.de. Familiäres Haus im Zentrum. ❍❍

🍴 **Alpenblick,** Schluchsee-Hinterhäuser. Nettes Lokal an der Schluchseerundspur. ❍

Bereits zum dünn besiedelten **Hotzenwald** gehört der Luftkurort **Häusern**. Die Höhenlage von bis zu 1200 m bringt nebelfreie Tage auch im Herbst; Liftanlagen sorgen in der kalten Jahreszeit für Winterspaß.

🍴 Seit Jahren ist hier das **Hotel Adler** in Häusern Pilgerort für Feriengäste, die schön wohnen und gut essen wollen. Tel. 0 76 72/41 70, www.adler-schwarzwald.de. ❍❍❍

Dom zu St. Blasien

*St. Blasien ❺

Von Häusern führt die Tour in diesen renommierten Kurort (4500 Einw.; 760–1300 m), wo die mächtige Kuppel der ehemaligen **Benediktinerabtei** sich aus dem Albtal erhebt. Das bereits 858 gegründete Kloster übte einst beträchtliche Macht aus, so dass ab 1746 seine Äbte zu Fürstäbten ernannt wurden.

Ein Brand gab dem ehrgeizigen Fürstabt Martin Gerbert Gelegenheit, Bedeutung und Einfluss des Klosters architektonisch durch einen Neubau zu dokumentieren. 1783 weihte er den frühklassizistischen, mit 62 m Höhe und 36 m Durchmesser drittgrößten Kuppelbau Europas ein. In dem kühl wirkenden **Dom** ragen 20 weiße korinthische Säulen hoch hinauf in die Kuppel. Seit 1933 ist das ehemalige Kloster ein Jesuitenkolleg mit Gymnasium und Internat.

i **Tourist-Information,** Am Kurgarten 1–3, 79837 St. Blasien, www.st.blasien.de, Tel. 0 76 72/4 14 30.

Domhotel, Hauptstr. 4, www.dom-hotel-st-blasien.de, Tel. 92 46 90, Fax 9 24 69 99. Familiär geführtes kleines Haus mit gutem Restaurant. ○○

Höchenschwand ❻

Der auf einem Hochplateau auf 1015 m gelegene heilklimatische Ort (2200 Einw.) gehört zu den bevorzugten Zielen im Naturpark Südschwarzwald. Sein Beiname »Dorf am Himmel« rührt nicht nur von der Höhenlage her, sondern auch von dem grandiosen Panorama, das sich bei Inversionswetterlagen bietet. Von den vielen Wanderwegen aus gesehen scheint an solchen Tagen die Kette der Schweizer Alpen zum Greifen nah.

i **Tourist-Information,** 79862 Höchenschwand, www.hoechenschwand.de, Tel. 0 76 72/4 81 80, Fax 48 18 10.

Portens Hotel Fernblick besitzt eine Tanzbar mit monatlich wechselnden Live-Kapellen verschiedener Stilrichtungen. Im Grün 15, Tel. 9 30 20, Fax 41 12 40; aktuelle Infos unter www.porten.de.

Ausflüge

Ein ganz besonderes Paradies für Botaniker ist das Naturschutzgebiet **Tiefenhäuserner Moor,** das über die Bundesstraße 500 erreichbar ist. Blumenfreunde sollten einen Abstecher ins weiter östlich liegende Örtchen **Nöggenschwiel** unternehmen, in dem Zehntausende von Rosen blühen.

*Waldshut ❼

Bereits am Hochrhein liegt das hübsche Städtchen Waldshut (341 bis 538 m), das zusammen mit **Tiengen** eine Große Kreisstadt (23 000 Einw.) bildet. Wer den im 13. Jh. gegründeten Ort durch das Obere Stadttor betritt, macht Bekanntschaft mit dem Bild des »Waldshuter Männli«. Es soll einst mit den Worten »Ich streich das Geld in meinen Hut, die Stadt soll heißen Waldeshut« die Belohnung für die Stadttaufe kassiert haben. Dahinter zeigt sich eine geschlossene Häuserfront mit Giebeln und Erkern entlang der Kaiserstraße bis zum Unteren Tor.

Zu den schönsten Gebäuden gehören das **Rathaus** von 1726, das Gasthaus **Zum Wilden Mann** mit dem Fassaden-Gemälde einer grimmig dreinblickenden Gestalt sowie das ehemalige Schlachthaus **Alte Metzig** (1688), das als Heimatmuseum dient (April–Dez. Mi–Fr, So 14–17 Uhr).

Vom Platz bei der Heiliggeistkapelle neben dem Unteren Tor reicht der Blick über den Rhein hinüber in die Schweiz.

Mit der Fähre, die an der Rheinpromenade ablegt, ist das Flussufer der Eidgenossen erreichbar, deren erfolgloser Angriff im Jahre 1468 noch heute jeden August mit der **Waldshuter Chilbi** gefeiert wird.

Tiengen

Zu den sehenswerten Gebäuden in Tiengen gehören außer den schön bemalten Bürgerhäusern der Hauptstraße das **Schloss,** in dem das Klettgau-Museum (April–Sept. Do 16–18, So 10.30–11.30 Uhr) über die Geschichte der Region berichtet, und die Barock-pfarrkirche *St. Maria.

> **Tourist-Information,** Wallstr. 26, 79761 Waldshut Tiengen, www.waldshut-tiengen.de, Tel. 0 77 51/83 32 00, Fax 83 31 26.

> **Bercher,** Tiengen, Am Schlosspark, www.bercher.de, Tel. 4 74 70, Fax 4 74 71 00. Gemütlich, preisgünstig, seit 1911 im Familienbesitz; beim Schlosspark. ○

> **Krone,** Kaiserstraße 45, Tel. 36 86. Der Gasthof bietet moderne, leichte Küche. ○○

Laufenburg ❽

Der nördlich des Rheins gelegene Teil der einstigen deutsch-schweizerischen Zwillingsstadt Laufenburg (8300 Einw.; 337 m) verdankt seine Zugehörigkeit zu Baden seit 1805 keinem Geringeren als Napoleon. Die Doppelstadt entstand 1207 an den Rheinschnellen, den »Laufen«, an denen sich der Rhein einen Weg durch den Gneis grub. Die Rheinschnellen wurden 1914 durch den Bau eines Kraftwerkes entschärft.

Ein Bummel in den schweizerischen Teil Laufenburgs führt zum Heimatmuseum **Schiff** (Mi 14–16, Sa/So 14 bis 17 Uhr), in dessen historischen Räumen eine schmucke Wirtschaft eingerichtet ist, und von dort weiter zur spätgotischen **Pfarrkirche.**

Über den Marktplatz erreicht man die Rheinterrassen; von hier aus gibt die schöne Häuserfront Laufenburgs ein beeindruckendes Panorama ab. Im deutschen Teil des Ortes bietet das Kriegerehrenmal den besten Blick auf die alten Fassaden der am Schweizer Rheinufer stehenden Häuser.

*Bad Säckingen ❾

Bad Säckingen (17 000 Einw.; 292 bis 600 m) ist durch eine gedeckte Holzbrücke mit der Schweiz verbunden. Man startet einen Rundgang durch das Heilbad am besten am Schloss, wo es genug Parkplätze gibt. Im kleinen Schlosspark steht das **Trompetenmuseum Schloss Schönau** (Di, Do, So 14–17 Uhr), in dessen Räumen sich die Begebenheiten zu Joseph Victor

1

Karte
Seite
44

von Scheffels Versepos »Der Trompeter von Säckingen«, einer rührenden Liebesgeschichte nach realen Motiven, abgespielt haben sollen. Offenbar haben die Stadtväter dem trinkfesten Dichter, Verfasser zahlreicher Zechlieder, verziehen, dass er wegen eines Disputs um die Sperrzeit der Gasthöfe dem Ort den Rücken kehrte – wirbt man doch kräftig mit seinem Namen. Unterhalb des Parks liegt die **Rheinpromenade** mit Ausflugsschiffen (So und Fei, Di und Do jeweils 14.30 Uhr) und der mit 200 m längsten überdachten Holzbrücke Europas.

Am Münsterplatz steht dem schön bemalten Haus **Fuchshöhle** das *Fridolinsmünster gegenüber. Die Kirche mit den zwei Türmen stammt aus dem 14. und 15. Jh., wurde im 17. Jh. nach einem Brand wiederaufgebaut und erst im 18. Jh. in ihrem Inneren barockisiert. An der Nordwestfassade des Münsters sieht man den Grabstein der oben genannten historischen Vorbilder der Hauptfiguren von Scheffels Versepos.

i **Kurverwaltung,** Waldshuter Str. 20, 79713 Bad Säckingen, Tel. 0 77 61/5 68 30, Fax 56 83 17, www.bad-saeckingen.de.

Goldener Knopf, Rathausplatz 9, Tel. 56 50, Fax 56 54 44, www.goldenerknopf.de. Komfortables Hotel, in dem sich schon Joseph Victor von Scheffel gerne aufhielt. Von dem über 200 Jahre alten Hotel genießt man einen schönen Blick auf die berühmte Reinbrücke aus Holz. ○○○

Fuchshöhle, Rheinbrückstr. 7, Tel. 73 13. Leichte, badisch orientierte Drei- oder Fünfgangmenüs in originellem und gemütlichem Ambiente. ○○○

Durch das *Wehratal

Wer das enge, dunkle, äußerst kurvige und im Winter von Autofahrern gefürchtete Wehratal durchfährt, wird verstehen, dass sich so manche Sage um die Orte dieser Gegend rankt. Das ehemalige Reich der Erdmännlein soll die 15 km lange Tropfsteinhöhle **Erdmannshöhle ⑩** (Mai–Sept. 10 bis 17 Uhr) gewesen sein. Ein 560 m langer Weg mit Stalaktiten und Stalagmiten ist in dieser Höhle zu bewundern.

Erdmannshöhle, Tel. 0 77 62/5 21 80. Große Speiseauswahl; Kinderspielplatz, Kinderzimmer und Stallhasen zum Spielen für den Nachwuchs. ○○

Ausflüge in die Schweiz

Begeisterte Fasnet-Freunde können sich glücklich schätzen – wenn im Schwarzwald mit dem Aschermittwoch allgemeiner Kehraus ist, geht es im schweizerischen **Basel** erst richtig los. Der »Morgenstraich« (am Montag nach Aschermittwoch) beginnt in der Nacht um 4 Uhr, wenn Tausende maskierter Narren mit Trommeln und Flöten auf gespenstisch-schöne Weise den dreitägigen Mummenschanz einläuten. Doch nicht nur während der fünften Jahreszeit, auch sonst lohnt sich ein Grenzbummel in die Schweiz. Basel wartet mit interessanten Kunsttempeln wie dem Kunstmuseum (St. Alban-Graben 16, Tel. 00 41/61/2 06 62 62, Di–So 10–17 Uhr) mit Werken von Picasso oder dem Museum für Gegenwartskunst auf (St. Alban-Rheinweg 60, Tel. 00 41/61/2 06 62 62, Di–So 11–17 Uhr), das sich, wie der

Todtmoos ⓫

Der heilklimatische Kurort (2100 Einw.) liegt auf einer Höhe von 760–1263 m. Am Fuße des Hausbergs Hochkopf erstrecken sich zwischen Tälern und sanften Bergrücken die dreizehn Ortsteile des romantischen Schwarzwalddorfes. Dank der guten Luft kann Todtmoos auf eine lange Tradition als Kurort zurückblicken. Einst kamen Großherzöge und sogar der russische Zar in das »Tote Moos«, das damals dem scchweizerischen Davos als Heilort gegen Tuberkulose Konkurrenz machte.

Viel besucht wird die an ihrer Fassade reich bemalte barocke Wallfahrtskirche ***Mariä Himmelfahrt**, die 1770

Diese Rheinbrücke in Laufenburg führt direkt in die Schweiz

Name schon sagt, den modernen Kunst- und Stilrichtungen widmet. Und natürlich ist das Münster auf dem gleichnamigen Berg einen Besuch wert.

Einen schöneren Übergang in die Schweiz erlebt jedoch, wer die Grenzstädte Laufenburg oder Bad Säckingen (beide S. 41) wählt und von hier z. B. weiterfährt nach ***Zürich,** das am nördlichen Ende des Zürichsees liegt und ein wichtiges wirtschaftliches und kulturelles Zentrum der Schweiz ist. Am besten besorgen Sie sich bei der Touristen-Information im Hauptbahnhof einen Stadtplan und entscheiden, welche der zahlreichen Sehenswürdigkeiten Sie ansteuern möchten. Das Frauenmünster z.B. mit den berühmten Chagall-Fenstern, das Großmünster, das in karolingische Zeit zurückreicht, das legendäre Schauspielhaus (Raemistr. 34), in

dem während des Zweiten Weltkrieges die in Deutschland von den Nationalsozialisten verbotenen Stücke, etwa von Brecht, gespielt wurden; oder eines der zahlreichen Museen wie das Schweizer Nationalmuseum. Angesichts der Fülle an Sehenswürdigkeiten wird Langeweile nicht aufkommen. Erst recht nicht, weil man in Zürich herrlich bummeln kann, z. B. entlang der Bahnhofsstraße, die vom Hauptbahnhof zum Zürichsee führt und Zürichs berühmteste Einkaufsstraße ist. Achten Sie auch auf die romantische kleine Augustinergasse, Für die Erkundung Zürichs sollte man durchaus ein ganzes Wochenende einplanen.

Auf dem Rückweg in Richtung Schwarzwald bietet sich die Fahrt über **Schaffhausen** mit Besichtigung des Rheinfalls an.

1

Karte
Seite
44

bis 1778 von Fürstabt Gerbert aus St. Blasien umgestaltet wurde. Aus dem 14. Jh. stammt das Gnadenbild der Muttergottes im Hochaltar.

Heiraten auf ganz besondere Art: Im Todtmooser Heimatmuseum **Heimethus** können sich Paare in der urgemütlichen guten Stube standesamtlich trauen lassen (Infos unter Tel. 0 76 74/84 80).

Zu den bekanntesten Schwarzwälder Ereignissen gehört das ***Schlittenhunderennen** am letzten Januarwochenende, wenn bei frostigen Temperaturen rund 1000 Schlittenhunde gespannt auf den Startschuss warten und dann durch den verschneiten Winterwald um die Wette laufen.

Interessierte Husky-Besitzer, die ins Schlittenhunderennen einsteigen möchten, können an speziellen ein- und zweitägigen Musher-Kursen teilnehmen (Auskunft bei der Tourist Info).

Romantisch sind die Fackelwanderungen und Pferdeschlittenfahrten durch den winterlichen Ort. Wer's deftig mag, lässt sich beim Speckseminar in die Geheimnisse der Herstellung des Schwarzwälder Schinkens einweihen.

Wer Abwechslung und ein wenig Nervenkitzel sucht, ist im **Hochseilgarten** richtig, in dem Mut und Geschicklichkeit trainiert werden. Infos: www.hochseilgarten.com oder Tel. 0 76 74/92 10 55.

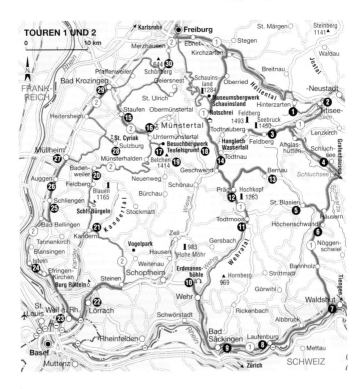

Tourist Info, Wehratalstr. 19, 79682 Todtmoos, www.todtmoos.de, Tel. 0 76 74/9 06 00, Fax 90 60 25.

Hotel Rößle, Kapellenweg 2, www.hotel-roessle.de, Tel. 9 06 60, Fax 88 38. Gepflegtes Haus, feine Küche, auch eine Wanderhütte kann gemietet werden. ○○
■ **Romantisches Schwarzwald-Hotel,** Alte Dorfstr. 29, www.romantisches-schwarzwaldhotel.de, Tel. 9 05 30, Fax 90 53 90. Schöne Zimmer und empfehlenswerte einheimische Küche. ○○–○○○

Maien, Hauptstr. 2, Tel. 2 22. Gemütliches Schwarzwaldhaus mit Zithermusik am Samstag. ○

Ein weites Einzugsgebiet hat das Tanzlokal **Schwarzwald-spitze,** in dem Donnerstag bis Samstag die Post abgeht. Schwerpunkt Disco und Rock; ab und zu steht auch eine SWF 3-Nacht auf dem Programm. Jägermatt 2, Tel. 0 76 74/92 10 60.

*Präg ⑫

Eine Bilderbuchlandschaft erwartet die Reisenden auf der Weiterfahrt in das unter Ensembleschutz stehende Präg. Hier zeigt sich der Schwarzwald noch malerisch wie im Märchenbuch: Schöne alte Schwarzwaldhäuser, herrliche Rundblicke auf Höhen und Täler und bodenständige Gasthöfe bestimmen das Bild.

*Bernau ⑬

Weit verstreut liegen die Häuser der Gemeinde Bernau (2000 Einw.; 900 bis 1415 m) auf einer herrlichen, nach Süden geöffneten Hochfläche von rund 8 km Länge. Der Ort wird umrahmt von Schwarzwaldhöhen wie dem 1415 m hohen Aussichtsberg **Herzogenhorn** mit dem Ski-Bundesleistungszentrum.

Obwohl die rund 2000 Einwohner an die 1400 Gästebetten anbieten, ist Bernau ein idyllischer und ruhiger Flecken für Skiläufer und Wanderer mit Skiliften, Loipen und Wanderwegen. Radfahrer und Gleitschirmflieger finden ebenso Platz für ihr Hobby wie besinnlichere Gemüter, die sich eher für Kammermusik oder Töpferkurse erwärmen können.

Hans Thoma (1839–1924), der in Bernau geboren ist und dem beginnenden Realismus zugerechnet wird, erfuhr erst im Alter von 51 Jahren nach einer Ausstellung in München erste Anerkennung. Im Ortsteil Innerlehen zeigt das ***Hans-Thoma-Museum** einen Teil seiner Werke, hauptsächlich naturalistische Landschaften, Porträts und Stillleben (Rathausstr. 18, Di–Fr 10–12, 14–17, Sa/So 10.30–12, 14 bis 17 Uhr).

Alljährlich am zweiten Augustwochenende findet der **Hans-Thoma-Tag** statt, bei dem zahlreiche Trachtengruppen auftreten und ein Preis verliehen wird.

Wie Kübel, Löffel, Spanschachteln oder Mausefallen im Nebenerwerb entstanden, erfährt man im Bauernmuseum ***Resenhof** aus dem Jahre 1789 (Mai–Juni und Sept.–Okt. Di–So 14–17, Juli/Aug. 10–12, 14–17 Uhr, sonst Mi und Sa 14–16 Uhr).

Ein schöner Wanderweg führt von Bernau-Dorf zur bewirtschafteten **Krunkelbachhütte** in 1294 m Höhe (Tel. 0 76 75/3 38, Di geschl.). Ein begleitender Naturlehrpfad geht bis zum Gipfel des Herzogenhorns.

1
Karte Seite 44

1

**Karte
Seite
44**

i **Tourist-Information,** Rathausstr. 18, 79872 Bernau im Schwarzwald, www.bernau-schwarzwald.de, Tel. 0 76 75/16 00 30, Fax 16 00 90.

Schwanen, Ortsteil Oberlehen, Todtmooser Str. 17, www.schwanen-bernau.de, Tel. 3 48, Fax 17 58. Gemütliches Schwarzwaldhaus in der Nähe des Loipenzentrums. ◐◯

▌ **Hotel-Pension Löwen,** OT Dorf, Hauptstr. 18, www.loewen-bernau.de, Tel. 2 77, Fax 92 20 88. Kleine Pension mit Hallenbad, Sauna und Solarium. ◯

▌ **Bernauer Hof,** OT Hof, Hofstr. 11, www.bernauer-hof.de, Tel. 3 61, Fax 92 92 96. Einfaches kleines Gasthaus von 1600 am Fuß des Herzogenhorns. ◯

Hier geht's mit dem Sessellift vom Hasenhorn nach Todtnau

⭐ Mutige rasen in Coaster-Schlitten auf einer Schienenstrecke von 2,9 km insgesamt 385 Höhenmeter vom Hasenhorn abwärts, teilweise in luftigen 13 m über dem Erdboden und mit Blick auf Todtnau (www.hasenhorn-rodelbahn.de).

Todtnau ⓮ und Umgebung

Das nahe gelegene Todtnau (5000 Einw.; 600–1490 m) ist das Herz des »Todtnauer Ferienlandes«, das allerdings recht gemächlich schlägt. Der kleine Ort besitzt 19 Schlepp- und

Schlittenhunderennen

Das populäre Schlittenhunderennen in Bernau findet am ersten Februarwochenende statt. Auskünfte gibt es bei der Tourist-Information (s. S. 45).

zwei Sessellifte und kann sich rühmen, bereits 1891 den ersten Skiclub Deutschlands gegründet zu haben. Eine landschaftlich schöne Strecke führt hinauf Richtung Feldberg nach **Fahl** (5 km), im Winter Treffpunkt der geübten Pistenfahrer.

Lange, dunkle Abende und das karge Leben scheinen den Erfindungsgeist der Schwarzwälder zu hilfreichen Tüfteleien inspiriert zu haben: So hatte es z. B. anno 1770 der Todtnauer Müller Leodegar Thoma besonders eilig, seine Mühle zu reinigen, da er sich auf Freiersfüßen befand. Da kam ihm die Idee, Löcher in ein Holzscheit zu bohren, Borstenbüschel festzukeilen und mit dieser Bürste den Mehlstaub hinauszukehren. Bis heute ist Todtnau ein Zentrum der Bürstenproduktion, vom Mascarabürstchen bis zum Besen.

Um die Verschönerung von Damenköpfen hat sich der in Todtnau geborene Karl Ludwig Nessler verdient gemacht, der die Dauerwelle erfand und sie 1906 in London der Welt präsentierte. Sein Geburtshaus passiert man auf dem Weg zum Sessellift auf das 1020 m hohe **Hasenhorn.** Vom Lärm der Straße entführt der Lift seine Gäste in gemächlichem Tempo über die stillen Matten hinweg auf die Höhe. Im Winter gehört der Berg mit seiner 3,5 km langen, 20 % steilen Bahn den Skifahrern und Rodlern, im Sommer den Wanderern und Mountainbikern. Oben auf dem Hasenhorn gibt es ein einfaches **Berggasthaus** (○), das auch Übernachtungsgäste aufnimmt. Der Berggasthof **Gisiboden** (Do geschl.; ○) ist nur 3,5 km entfernt.

Nordöstlich des Ortes kann man Deutschlands höchsten **Naturwasserfall** (97 m) bewundern, bevor es auf einer schmalen Straße nach **Todtnauberg** hinaufgeht.

ℹ **Tourist-Information Todtnau,** 79674 Todtnau, www.todtnauer-ferienland.de, Tel. 0 76 71/96 96 90, Fax 92 20.

🏠 **Kur- und Sporthotel Mangler,** Todtnauberg, Ennerbachstr. 28, www.mangler.de, Tel. 9 69 30, Fax 86 93. Schönes Hotel im Landhausstil mit Fitnessprogramm. ○○○
▌ **Engel und Engelresidenz Roseneck,** Todtnauberg, Kurhausstr. 3–5, www.engel-todtnauberg.de, Tel. 9 11 90, Fax 9 11 92 00. Komfortable Zimmer und Wohnungen; Hallen- und Spaßbad, Sauna, Tischtennis, Kinderspielplatz. ○○○

Bei der Passhöhe **Notschrei,** die ihren Namen den Hilferufen der Bevölkerung nach einer Straßenanbindung verdankte, wird es den Langläufern in den Füßen zucken. Die beliebten Notschrei-Loipen laden Anfänger ebenso wie Profis zu mehr oder weniger anstrengenden Skiwanderungen ein.

Wein und Wald im Süden

2

Freiburg → *Staufen → **Münstertal → **Belchen → *Markgräfler Land → Freiburg (ca. 230 km)

Karte Seite 44

Das Markgräfler Land spielt wie der Kaiserstuhl eine Vorreiterrolle in Deutschland: Hier zieht von der Burgundischen Pforte her die Lenz früher ein als anderswo, doch nirgends verabschiedet sich auch der Herbst später in Richtung Winter. Das sanft gewellte Hügelland mit Obstbäumen und Weingärten bildet einen idyllischen Kontrast zu den aufstrebenden Bergen des Schwarzwalds.

Höhepunkte dieser Tour sind ein Besuch in Staufen und im Münstertal sowie ein Abstecher zum Belchen mit herrlichem Blick über die Rheinebene. Im Tal bekommen Feinschmecker einen verräterischen Glanz in die Augen beim Gedanken an die Wonnen der Weinkarte und die Gourmettempel der »Toskana Deutschlands«. Ganz stilecht können die überzähligen Kalorien dann in den Thermalbädern von Badenweiler, Bad Bellingen oder Bad Krozingen abgearbeitet werden.

*Staufen ⓯

Weitaus romantischer als die B 3 führt die Nebenstraße von Freiburg über Merzhausen durch das Hexental nach Staufen. Auf halber Strecke geht es links ab nach **St. Ulrich** mit der sehenswerten Barockkirche von Peter

Karte Seite 48

Die Peter-Thumb-Kirche in St. Ulrich

Thumb und einem romanischen Taufstein aus dem 12. Jh. Das ehemalige Kloster wurde 1087 von dem Benediktiner Ulrich von Zell gegründet; der jetzige Bau stammt allerdings aus dem 18. Jh. Wer noch die 4 km zum **Geiersnest** (884 m) hochfährt, wird mit einem herrlichen Rundblick belohnt.

Staufen (7800 Einw.; 280–720 m) ist als Ort eines ungewöhnlichen Geschehens in die Weltliteratur eingegangen: Brach doch angeblich im Jahre 1539 Mephistopheles dem Doctor Faustus im Gasthaus Löwen das Genick, was Goethe zu seinem »Faust« inspirierte. Das Weinstädtchen mit Kopfsteinpflaster, Bächen und schmucken Gasthöfen nennt sich daher gerne »Fauststadt«. Ein seltener Anblick sind die kleinen Weinpar-

Markgräfler-Wii-Wegli

Staufen liegt am »Markgräfler-Wii-Wegli« (Weinweg), der von Weil am Rhein bis Freiburg-St. Georgen durch die hügeligen Rebberge zwischen Rheinebene und Schwarzwaldhöhen verläuft. Die Wanderstrecke lässt sich in vier Tagesetappen einteilen; der Abschnitt Staufen–Freiburg misst 25 km (www.wii-wegli.de).

zellen unterhalb der Burgruine aus der Stauferzeit, für deren Erhalt sich Weinbauern und Naturschützer eingesetzt haben, während anderswo die Rebberge glattgebügelt wurden (s. S. 67).

 Einen Einblick in das Alltagsleben früherer Zeiten bietet das kleine **Keramikmuseum** in der Wettelbrunner Str. 3 (Mi–Sa 14–17 Uhr, So 11–13, 14–17 Uhr, Tel. 67 21, www.freiburg-schwarzwald.de/keramikmuseum.htm).

Tourist Information Staufen, Hauptstr. 53, 79219 Staufen, www.staufen.de, Tel. 0 76 33/8 05 36, Fax 5 05 93.

Hotel garni Goethe, Hauptstr. 3, Tel. 50 06 28, Fax 92 96 10, www.goethehotel.de. Empfehlenswertes Gasthaus. ○○

Café Decker, Am Neumagen. Stets gut besuchte Konditorei mit selbstgemachten Pralinen und Eis. ○○

❚ **Bahnhöfle,** direkt am Bahnhof. Rustikaler Treffpunkt bei der beliebten Wirtin Lotte. ○

❚ **St. Gotthardt,** Bötzenstr. 67. Ausflugslokal mit großem Garten und kräftigem Vesper; Mo und Di Ruhetag. ○

Münstertal

Klöster nehmen oft die landschaftlich reizvollsten Plätze ein. Da macht das in Münstertal (5000 Einw.; 400 bis 1400 m) gelegene Kloster **St. Trudpert** ⑯ mit seiner schönen Barockkirche und den beeindruckenden Zwiebeltürmen keine Ausnahme. Die von den Benediktinern erbaute Klosteranlage wurde im Dreißigjährigen

Krieg größtenteils zerstört. 1715 begann der Vorarlberger Peter Thumb mit dem Wiederaufbau, der 1738 abgeschlossen war. Nur die Kirche mit schönen Deckengemälden steht den Besuchern offen, während die restliche Anlage für die Ordensschwestern vom hl. Josef reserviert ist.

Zurück in die angeblich gute alte Zeit führt ein Besuch im **Schwarzwaldhaus 1902 ⑰**, das durch die ZDF-Serie bekannt wurde und Kaltwasserhof heißt (Sa–So 14–16 Uhr).

In Untermünstertal gräbt sich heute noch ein Stollen des Besucherbergwerks **Teufelsgrund ⑱** 500 m tief in den Belchen (15. Juni–15. Sept. Di–So 14–17 Uhr, sonst Di, Do, Sa, So; Nov. nur Sa/So; Dez.–März geschl.). Asthmatiker schätzen den Stollen, der auch Heuschnupfenkranken bei 8 °C Erleichterung gibt.

Besonders im Herbst ist ein Ausflug auf den ****Belchen ⑲** zu empfehlen. Bei Inversionswetterla-

2
Karte Seite 44

Badische Weine

Dass Baden ein besonders gutes Klima für den Weinbau besitzt, wussten schon die Römer – zumindest wird vermutet, dass sie die ersten waren, die hier in großen Holzfässern die edlen Tropfen kelterten. Verwunderlich erscheint das nicht, ist diese Region Deutschlands doch ein von der Sonne verwöhnter Flecken – wichtige Voraussetzung für den Anbau von Qualitätsweinen. Durch die EU in die »Anbauzone B« eingestuft, wacht man mit Argusaugen darüber, dass die Weine auch tatsächlich einem höheren Qualitätsmaßstab entsprechen als anderswo.

Gleich mehrere Anbaugebiete wetteifern darum, die besten Weine zu produzieren: der Breisgau nördlich von Freiburg, der Kaiserstuhl samt Tuniberg, das Markgräflerland und die Ortenau zwischen Baden-Baden und Offenburg. Doch nicht nur die Rebsorten unterscheiden sich voneinander – auch die Landschaften der einzelnen natürlichen Winzerregionen sind derart unterschiedlich, dass

man Baden zu den schönsten Anbaugebieten Deutschlands zählen kann. Wer an der Badischen Weinstraße entlangfährt, die von Baden-Baden bis hinunter nach Lörrach führt, hat Gelegenheit, Weingüter und Winzerbetriebe zu besichtigen, in gemütlichen Gaststuben einen Schoppen zu trinken und natürlich auch einzukaufen. Während der Weinlese servieren die Gaststuben Federweißen und Zwiebelkuchen. Während im Breisgau vor allem der leichte, milde Müller-Thurgau angebaut wird, gedeihen auf den Lössböden des Kaiserstuhls und des vulkanischen Tunibergs der rote Spätburgunder, Weißherbst, Silvaner und der süffige Ruländer. Das Markgräflerland kultiviert den leichten und zarten Gutedel, in der Ortenau gedeiht der elegante Riesling.

Der Zusammenschluss der Winzer in Genossenschaften (75 %) führte zur erfolgreichen Vermarktung der badischen Weine. Baden ist eine der größten Weinanbauregionen Deutschlands.

Blick vom Belchen auf die Alpen

ge bietet der kahle Gipfel in 1414 m Höhe einen Rundblick bis in die Lechtaler Alpen und zum Montblanc. Leider hat das Naturschutzgebiet mit der einzigartigen subalpinen Flora und seltenen Tierarten unter dem Besucherandrang sehr gelitten. Konsequenterweise wurde der Belchen ganz für den Verkehr gesperrt und ist nur noch mit der Seilbahn (tgl. 9 bis 16.30 Uhr) oder zu Fuß erreichbar.

 Tourist-Information, Wasen 47, 79244 Münstertal, www.muenstertal.de, Tel. 0 76 36/7 07 40.

Spielweg, Spielweg 61, www.spielweg.com, Tel. 70 90, Fax 7 09 66. Romantik-Hotel mit luxuriösen Zimmern und feinem Restaurant im Schwarzwaldstil. ○○○
▌ **Zähringer Hof,** Stohren 10, Tel. 0 76 02/2 56, Fax 6 85, www.zaehringerhof.de. In 1070 m Höhe; gute Küche, viel Platz für Kinder. ○–○○
▌ **Gasthaus-Pension Sonne,** Krumlinden 44, www.sonne-muenstertal. de, Tel. 3 19. Schöne Lage, familiäre Atmosphäre. ○

Kreuz, am Kloster St. Trudpert, Tel. 8 18. Der ideale Ort, um eine Schwarzwälder Kirschtorte zu vernaschen. ○○

Auf dem Weg nach Münsterhalden steigen beiderseits der Straße die sattgrünen Bergmatten an. Verstreut liegen alte Schwarzwaldhöfe auf geschwungenen Höhenzügen. Der Besitzer der Schnitzerstube in **Münsterhalden** zeigt gerne seine Kunstwerke. Ein kurzer Abstecher zum Berggasthof **Kälbelescheuer** (Mo geschl.) gibt einen weiten Blick ins Rheintal frei.

Badenweiler ⓴

Der beschauliche, verkehrsberuhigte Kurort Badenweiler (3500 Einw.; 360–580 m) ist als Ausgangspunkt für Wanderungen interessant. Wege führen etwa auf den 1167 m hohen **Blauen** oder zum **Nonnenmattweiher,** einem Karsee mit schwimmender Moorinsel.

Auch Amateurbotaniker können ihrem Hobby frönen, da sich die schöne Kurparkanlage unterhalb der 1678 zerstörten Burg Baden dank des milden Klimas mit üppiger südländischer Vegetation wie Mammutbäumen und Zedern schmückt.

Aufbauend und belebend wirkt das Thermalwasser der schönen **Cassiopeia-Therme** (tgl. 9 bis 22 Uhr). Die sehr großzügig gestaltete Badelandschaft im Stilmix von Klassizismus und Moderne bietet alle denkbaren Badevergnügen für Erholungssuchende.

Direkt neben der Therme zeigen die hervorragend erhaltenen ***Römischen Baderuinen** aus dem 1. Jh., dass die damaligen Landesherren die Kräfte des Heilwassers zu nutzen wussten. Als Glücksfall schätzen Archäologen den Fund eines römischen Tempels gegenüber der alten Therme ein, der 1995 zutage gefördert wurde.

i **Badenweiler Thermen & Touristik GmbH,** E.Eisenloher-Str. 4, 79410 Badenweiler, www.badenweiler.de, Tel. 0 76 32/79 93 00.

Hotel Römerbad, Schlossplatz 1, www.hotel-roemerbad. de, Tel. 7 00, Fax 7 02 00. Grandhotel im Monte-Carlo-Stil, mit Blick auf den Kurpark; Musiktage im Herbst. ❍❍❍
▮ **Zum Schwanen,** OT Lipburg, Ernst-Scheffelt-Str. 5, www.gasthof-schwanen.de, Tel. 8 20 90, Fax 82 09 44. Landgasthof mit guter Küche. ❍❍

Zum Grünen Baum, Badenweiler-Sehringen, Sehringer Str. 19, Tel. 74 11. Samstags Ochsenfleisch mit Meerrettich und Bouillonkartoffeln; freundlicher Service. ❍❍
▮ **Klemmbachmühle,** Römerstr. 7, Müllheim-Niederweiler. Urgemütlich und verspielt, tgl. ab 14 Uhr Geselchtes oder selbstgebackene Kuchen. ❍

Kandern ㉑

Auf dem Weg nach Kandern lockt eine Rast in der idyllischen Weinstube oder im gepflegten Gärtchen des **Ochsen** in Feldberg. So gestärkt kann man auch den kleinen Anstieg zum ***Schloss Bürgeln** (2 km, Zufahrt über Sitzenkirch, Führungen März–Nov. Mi–Mo 11, 14, 15, 16, 17 Uhr) gut bewältigen. Das kleine Barockschloss von 1762 dürfte vielen bekannt vorkommen, diente es doch als Kulisse einer Winzer-Fernsehserie.

Die Keramikstadt Kandern (7000 Einw.; 346–1200 m) kennen Eisenbahn-Liebhaber, die gerne eine Fahrt mit dem Museumszug Chanderli unternehmen, der ab und zu Dampfwolken zwischen Kandern und Haltingen ausstößt (siehe auch unter Museumsbahnen, S. 21).

i **Tourist Info,** Hauptstr. 18, 79400 Kandern, www.kandern.de, Tel. 0 76 26/ 97 23 56, Fax 97 23 57.

Zur Weserei, Hauptstr. 81, www.weserei.de, Tel. 4 45. 25 großzügige Zimmer, badische Küche, Tageskarte u. a. mit Fisch- und vegetarischem Menü. ❍❍❍–❍❍

Gasthaus zum Hirschen, Brunnenstr. 2, Tel. 70 59. Deftige Küche, z. B. Bauernwürste und Suppenfleisch. ❍❍

⭐ Ein Erlebnis nicht nur für Kinder ist der **Vogelpark Steinen im Wiesenthal** mit 300 Vogelarten aus aller Welt (12 km; Mitte März–Ende Okt. 10–18 Uhr).

Lörrach ㉒

Die Industriestadt Lörrach (46 000 Einw.; 272–555 m) überrascht mit der imposanten Burgruine ***Rötteln,** deren Grüner Turm einen schönen Rundblick auf die Stadt, ins Wiesental und in die Schweiz bietet. Sehenswert ist auch das **Stettener Schlössle,** ein spätgotischer Herrensitz aus dem 17. Jh. Das neue Kultur- und Veranstaltungszentrum **Burghof** in der Innenstadt sorgt für Abwechslung (www.burghof.com).

⭐ Von Juni bis August finden die **Burgfestspiele** vor historischer Kulisse statt, deren Repertoire von Goethe-Klassikern bis zu musikalischen Darbietungen reicht.

i **Tourist-Information,** Herrenstr. 5, 79539 Lörrach, www.loerrach.de, Tel. 0 76 21/ 9 40 89 13, Fax 9 40 89 14.

2

Karte Seite 44

Weil am Rhein ㉓

Nur einen Katzensprung von der Schweizer Grenze liegt Weil am Rhein. Im ganzen Stadtgebiet verteilte, vergrößerte Nachbildungen bedeutender Stuhlentwürfe erinnern an das Selbstverständnis als »Stadt der Stühle«.

⭐7 Einen Besuch wert ist das bekannte **Vitra Design Museum,** das der kalifornische Stararchitekt Frank Gehry entworfen hat. Es zeigt die Entwicklung industriellen Möbeldesigns bis heute. Der angeschlossene Architekturpark umfasst auch Bauten von Tadao Ando, Nicholas Grimshaw, Zaha Hadid und Alvaro Siza (Di–So, Fei 11–18 Uhr, www.designmuseum.de).

⭐ Badespaß für die ganze Familie bietet das **Lagunabad** (Tel. 0 76 21/95 67 40) samt Superrutsche, Strömungskanal, Wassergrotte, Wildwasserfluss und einem Sauna-Park.

ℹ️ **Tourist Info,** Rathausplatz 3, 79576 Weil am Rhein, www.w-wt.de, Tel. 0 76 21/4 22 04 40, Fax 4 22 04 44.

Lohnend sind ein Spaziergang durch den **DreiLänderGarten,** das Gelände der ehemaligen Landesgartenschau, und ein Abstecher in das **Markgräfler Gutedelland** an der Badischen Weinstraße. Alte Weindörfer mit einer großen Auswahl an Gasthöfen und Weingütern verleiten ebenso zu einem Stopp wie einige idyllische Ortsbilder.

Den Rhein abwärts ㉔

Das ehemalige Fischerdörfchen **Istein,** das vor einer umfassenden Rheinregulierung zu Anfang des 19.

Fachwerk in Istein

Jhs. noch direkt am Ufer des reißenden Stromes lag, trägt seinen Beinamen »Kleines Italien« zu Recht. Ein Streifzug führt durch verwinkelte Gassen mit dem alten Fachwerkhaus Arche von 1533 unterhalb der Kirche. Am Ortsende klammert sich die St.-Veits-Kapelle an den Isteiner Klotz, einen 150 Mio. Jahre alten Korallenstock von 1,5 km² Ausdehnung.

Vorbei an den Weinbergen von **Blansingen** mit seiner reich bemalten Kirche (Gourmets mit dickerer Brieftasche machen Halt in der **Traube,** Tel. 0 76 28/82 90; ○○○) und dem Thermalbad **Bad Bellingen** führt die Route nach **Schliengen** ㉕ mit dem Wasserschloss Entenstein. Im Ortsteil Mauchen verführt das Gasthaus **Krone** (○) zur Einkehr oder bietet sich der Kauf eines guten Tropfens im Weingut **Lämmlin-Schindler** an.

Auggen ㉖

Das Örtchen gehört zu den ältesten Weindörfern im Markgräflerland. Ein Spaziergang auf dem **Weinlehrpfad** beginnt oberhalb der Kirche und führt zu einem Picknickplatz mit einer Aussicht bis zu den Vogesen.

i **Verkehrsamt,** 79424 Auggen, www.auggen.de, Tel. 0 76 31/ 36 77 21, Fax 36 77 33.

Zur Krone, Hauptstr. 12, www.hotelkrone-auggen.de, Tel. 17 84 50. Hotel mit eigenem Weingut und Hallenbad, im Restaurant alemannische Gerichte. ○○

Müllheim ⑳

Die lebhafte Stadt (18 000 Einw.) liegt im Herzen des Markgräflerlandes. Schöne Ecken finden sich um Marktstraße und Gerbergasse. Sehenswert sind die **Martinskirche** (14. Jh.) und das **Markgräfler Museum** (Mi–So 15–18 Uhr). Im April findet ein Weinmarkt statt, im Oktober die Sektgala.

i **Tourist-Information,** Werderstr. 48, 79379 Müllheim, www.muellheim.de, Tel. 0 76 31/40 70, Fax 1 66 54.

Land-Hotel und Restaurant Alte Post, Posthalterweg (an der B 3), www.alte-post.net, Tel. 1 78 70. Kreative Küche mit frischen, regionalen Produkten, erstklassiger Weinkeller. ○○○–○○

In der verkehrsberuhigten **Innenstadt** finden in den Sommermonaten zahlreiche Weinfeste und Open-Air-Konzerte statt.

Deftige Küche erwartet die Gäste in der **Krone** (Tel. 0 76 31/ 29 84; ○) in Zunzingen, bevor sie sich auf den Weg nach Müllheim-Britzingen machen, dessen Weinlage-Namen in den Ohren von Kennern einen guten

St. Cyriak in Sulzburg

Klang haben. Nicht minder gute Tropfen schenkt man in **Laufen** ein, das wegen der Staudengärtnerei der Gräfin von Zeppelin in Gärtnerkreisen zu den Topadressen gehört (Weinstr. 2, 79295 Sulzburg-Laufen, www. graefin-v-zeppelin.com).

Sulzburg ㉘

Der Ort (2600 Einw.; 325–1114 m) ist schon deshalb einen Besuch wert, weil Hans-Paul Steiner mittlerweile bereits zwei Michelin-Sterne vom Kochhimmel holte. Natürlich entsprechen die Preise des **Hirschen** (Tel. 0 76 34/82 08) seiner Bedeutung als Feinschmeckerparadies. Genießen können Besucher des badischen Städtchens aber auch die kleine, sehenswerte ottonische Klosterkirche ***St. Cyriak.** Über die Geschichte des Bergbaus unterrichtet das **Landesbergbaumuseum** in der ehemaligen Stadtkirche (Mo–Fr 14–16.30, Sa/So 14–17 Uhr).

Im Osten der Stadt liegt der schöne alte **Jüdische Friedhof** mit verwitterten Grabsteinen und der 1938 zerstör-

2

Karte Seite 44

ten, heute als Kulturzentrum dienenden ehemaligen Synagoge.

Tourist-Information, Am Marktplatz, 79295 Sulzburg, www.sulzburg.de, Tel. 0 76 34/56 00 40, Fax 56 00 34.

Waldhotel, Badstr. 67, www.waldhotel4you.de, Tel. 0 76 34/50 54 90. Im Wald gelegenes Silence-Hotel mit Tennisplätzen, Hallenbad, Sauna, Liegewiese und einem neuen großen Wellnessbereich. ◐◯

Zum Hirschen, Hauptstr. 69, Tel. 82 08, www.hirschen-sulzburg.de. Ambitionierte Küche, saisonal inspiriert. ◯◐◯

Von Sulzburg aus kann man über kleine Sträßchen erst nach Laufen und dann in das idyllisch gelegene **St. Ilgen** fahren. Die dortige Kirche St. Ägidius aus dem 14. Jh. besitzt eine ungewöhnliche schräge Fassade mit einem Treppengiebel.

Nur einen Katzensprung ist es von Betberg in das westlich liegende **Heitersheim** mit dem großen Malteserschloss aus dem 16. Jh. und der Kirche St. Bartholomäus von 1827. Über die Geschichte des Johanniterordens informiert das Museum (April–Okt. Mi 15–17, So/Fei 11–12 Uhr).

Bad Krozingen ㉙

Einst war das schmucke Weinstädtchen eine Steuerquelle für die Äbte von St. Blasien. Bereits seit 1911 werden die solereichsten Thermalquellen Europas genutzt. Das kohlensäurehaltige Heilwasser kommt in der **Vita Classica-Therme** mit Saunapark und Wohlfühlhaus den Badegästen zugute (Tel. 0 76 33/40 08 40).

Sonnenuntergang über der Rheinebene des Markgräflerlands

Ein kultureller Hochgenuss sind die regelmäßig stattfindenden **Schlosskonzerte** in den Rokokoräumen des Schlosses (1579). Sehenswert ist hier auch die Sammlung historischer Tasteninstrumente. Ein kunsthistorisches Schmuckstück schließlich ist die kleine ****Glöcklehofkapelle** an der Staufener Straße in Oberkrozingen. Ihre Fresken (10. Jh.) gehören zu den ältesten nördlich der Alpen.

Tourist-Information, Herbert-Hellmann-Allee 12, 79189 Bad Krozingen, www.bad-krozingen.de, Tel. 0 76 33/40 08 65, Fax 40 08 41.

Atrium Hotel Daheim, Blauenstr. 6, www.hotel-daheim.com, Tel. 9 26 60, Fax 92 66 20. Gepflegtes Haus mit komfortablen Zimmern. ◐◯

Auf dem Weg zurück nach Freiburg locken zahlreiche Weindörfer. Vorbei an typischen Bauerngärten führt die Tour auf den **Schönberg** ㉚ mit der Berghauser Kapelle und herrlichem Blick auf die Schwarzwald-Höhen. Vom Kastaniengarten des **Schönberger Hofs** (◯) betrachtet dehnt sich Freiburg wie eine Spielzeugstadt am Fuß des Schwarzwaldes aus.

2

Karte Seite 44

Tour 3

Wo die Uhren langsamer gehen

**Titisee → Furtwangen → *Triberg →
*Rottweil → Villingen-Schwennin-
gen → Donaueschingen →
*Wutachschlucht → Titisee
(ca. 170 km)**

Vom lebhaften Titisee-Neustadt geht es in das beschauliche Jostal mit seinen verstreut liegenden Höfen und erholsamen Wanderwegen. Einen grandiosen Ausblick bis zur Oberrheinebene bietet die Schwarzwald-Panoramastraße; hier und da kreuzt die Route die Deutsche Uhrenstraße. Über Vöhrenbach führt der Bogen auf die »raue Baar« mit ihren winterlichen Kälterekorden und schließlich über Donaueschingen ins Wandergebiet der wilden Wutachschlucht. Eiligere Besucher wählen dagegen den direkten Weg von Villingen-Schwenningen auf der B 33 nach Donaueschingen.

Eisenbach ③

Nördlich von Neustadt laden die sanft geschwungenen Hügellandschaften zu gemütlichen Autoausflügen und Wanderungen ein. Das ganze Gebiet ist für seine Uhrenherstellung bekannt, so auch der kinderfreundliche Ferienort Eisenbach (2200 Einw., 800 bis 1130 m).

Kurverwaltung, Bei der Kirche 1, 79871 Eisenbach, www.eisenbach.de, Tel. 0 76 57/91 03 30, Fax 91 03 50.

Hotel Bad, Hauptstr. 55, 79871 Eisenbach, www.bogen sporthotel.de, Tel. 4 71, Fax 15 05. Gemütliches Haus mit Hallenbad, Sauna; Skilifte gleich vor der Tür. ○

Im Ortsteil Rudenberg bietet der **Pauliwirt** in seinem famili-enfreundlichen Gasthaus boden-ständige badische Gerichte an. Tel. 14 27. ○

Wer von Eisenbach auf die Panoramastraße fahren will, bummelt am besten über die schma-len Nebenstrecken.

Eine besondere Augenweide ist die ***Schwarzwald-Panoramastraße,** auf die man nach Oberjostal trifft. Die raue Vergangenheit der Region lässt der Name des Gasthauses **Kalte Her-berge** (1029 m) erahnen, wo in einer eisigen Winternacht einst ein Hand-werksbursche auf der Ofenbank erfro-ren sein soll. Tief hinab in ein enges Tal führt ein Sträßchen zur **Hexen-lochmühle,** einer restaurierten Mühle aus dem Jahre 1825, deren Räder vom Heubach angetrieben werden.

Furtwangen ㊷

An der 1990 eröffneten Uhrenstraße, die sich über 320 km kreuz und quer durch den Schwarzwald schlängelt, ist Furtwangen (10 000 Einw.; 850 bis 1150 m) zweifellos ein Höhepunkt. Als Zentrum der traditionellen Uhrma-cherkunst erfuhr der kleine Ort im 19. Jh. einen beträchtlichen wirtschaft-lichen Aufschwung.

Über 100 000 Besucher pro Jahr besuchen das ****Deut-sche Uhrenmuseum**, das von Robert Gerwig, dem Erbauer der Schwarz-

3

**Karte
Seite
60**

Das Uhrenmuseum in Furtwangen besitzt viele historische Prachtexemplare

3

**Karte
Seite
60**

wald- und Höllentalbahn, gegründet wurde. Rund 5000 Zeitmesser aller Arten ticken in dem Museum – von der berühmten Kuckucksuhr bis zum »Knödelesser«, bei dem ein Stundenmännchen jede Stunde Knödel verdrückt.

Zu den schönsten und technisch interessantesten Stücken gehört die eindrucksvolle Astronomische Weltzeituhr von Thaddäus Rinderle (1748–1824), einem Benediktiner-

mönch aus St. Peter (April bis Okt. 9–18, sonst 10 bis 17 Uhr).

⭐ Rund um Furtwangen gibt es eine Vielzahl schöner Wanderziele wie den Aussichtsturm auf dem 1150 m hohen **Brend** mit Blick über den gesamten Schwarzwald. In der Umgebung locken im Winter attraktive Loipenlandschaften.

Vom Brend führt ein knapp halbstündiger Wanderweg zur **Donauquelle** – 2888 km von der Mündung des Flusses ins Schwarze Meer entfernt. Diese Rechnung wurde allerdings ohne die Donaueschinger gemacht, die ihrerseits behaupten, die Donauquelle zu besitzen.

Die Wasser der Bregquelle vereinen sich mit denjenigen der Brigach – getreu dem Satz »Brigach und Breg bringen die Donau zuweg«. Nahe bei der

Wem der Kuckuck ruft

Die Entstehungsgeschichte der Kuckucksuhr liegt genauso im Dunkeln wie große Teile des Schwarzwalds. Sicher ist, dass die ersten Bauern und Tüftler schon im 17. Jh. mit dem Bau einfacher Uhren begannen, um sich im Winter ein Zubrot zu verdienen. Um die fertigen Produkte auf den Markt zu bringen, zogen Händler mit Rückentragen durch die Lande und verkauften die Zeitmesser. Franz Anton Ketterer, Drechslermeister aus Schönwald, soll nach einem böhmischen Vorbild im Jahre 1738 den Prototyp einer Kuckucksuhr gebaut haben, der von seinem Sohn über Jahre hinweg technisch perfektioniert wurde. Im Laufe der Zeit etablierte sich die Uhrmache-

rei zum populären Wirtschaftszweig, der sich in mehrere Handwerkszweige wie Gestellmacher, Schildermacher, Zifferblättler und Gießer aufspaltete. Anfang des 19. Jhs. gab es in 21 Schwarzwaldgemeinden 890 Uhrmacher und fast 600 Uhrenhändler. Die Kuckucksuhr in ihrer heutigen Form erblickte erst 1850 in der Werkstatt des Architekturprofessors Eisenlohr das Licht der Welt, der sein Uhrwerk mit einem Gehäuse in Form eines Bahnwärterhäuschens umgab. Unbekannte Bastler zeigten sich noch verspielter und fügten ein von Schnitzwerk umgebenes Giebelfenster hinzu, das sich öffnete, um den rufenden Kuckuck herauszulassen.

Quelle liegt die ***Martinskapelle,** bei der mehrere Wanderwege bzw. Loipen beginnen.

Furtwangen hat sich zu einem bedeutenden Zentrum des großen Skisports entwickelt. Spitzensportler wie die Skispringer Martin Schmitt und Sven Hannawald finden in der hiesigen »Eliteschule des Sports« ideale Trainingsbedingungen vor, nicht zuletzt dank der Schneesicherheit der Region sowie der vorhandenen Sport- und Schanzeneinrichtungen. Neben dem Skispringen werden auch die alpinen Disziplinen sowie Langlauf, Biathlon und Nordische Kombination gefördert.

i **Tourist-Information,** Marktplatz 4, 78120 Furtwangen, www.furtwangen.de, Tel. 0 77 23/9 29 50, Fax 92 95 20.

Ochsen, Marktplatz 9, Tel. 9 31 16, www.hotel-ochsen-furtwangen.de. Zimmer im Landhausstil, im Restaurant wird frische regionale Küche angeboten. ○

Der Berggasthof **Zum Brendturm** bildet am Skifernweg Schonach-Belchen ein beliebtes Etappenziel mit typischen Spezialitäten und Übernachtungsmöglichkeit. Auf dem Brend 7, Tel. 50 50 72, Di geschl. ○

*Triberg ㊼

Ein lohnendes Wandergebiet liegt westlich der B 500 zwischen Furtwangen und Triberg (5300 Einw.; 500 bis 1000 m), wo Deutschlands höchste ****Wasserfälle** (163 m) in sieben Kaskaden ins Tal stürzen.

Neben einem Besuch im **Schwarzwaldmuseum** mit einer Trachten-, Holzschnitzerei-, Strohflechterei- so-

wie Drehorgelausstellung (tgl. 10 bis 17 Uhr) und der aus dem 18. Jh. stammenden ***Wallfahrtskirche »Maria in der Tanne«** sind hier auch der **Rathaussaal** mit seinen Schnitzereien (Mo–Fr 9–12, Mo–Do 14–16 Uhr) und einige der weltgrößten Kuckucksuhren von Interesse.

i **Tourist-Information,** Wallfahrtstr. 4, 78098 Triberg, www.triberg.de, Tel. 0 77 22/86 64 90, Fax 86 64 99.

Bahnverbindung: Reizvolle Strecke der Schwarzwaldbahn mit Doppelkehren und Tunnel.

3
Karte
Seite
60

🏠 **Parkhotel Wehrle,** Gartenstr. 24, www.parkhotel-wehrle.de. Tel. 8 60 20, Fax 86 02 90, Anspruchsvolles Traditionshotel mit Gästehaus. Sehr gute südbadische Küche. ○○○

▌ **Pfaff,** Hauptstr. 85, www.hotel-pfaff.com, Tel. 44 79, Fax 78 97. Gutes Haus mit empfehlenswertem Restaurant in der Nähe der Triberger Wasserfälle. ○

Zur Staude, Obertal 20, www.gasthaus-staude.de. Dreihundert Jahre alter Höhengasthof mit schönen Zimmern, Sauna, großem Biergarten und guter Küche. ○○–○

St. Georgen ㉞

Am höchsten Punkt der Schwarzwaldbahn, im Erholungsort St. Georgen (13 700 Einw.; 800–1000 m), befindet sich das **Deutsche Phonomuseum.** Hier wird sehr anschaulich die an Kuriositäten reiche Entwicklungsgeschichte vom ersten Phonographen bis zur HiFi-Technik präsentiert (Mo bis Fr 9–12.30, 14–17.30, Mai–Sept. auch Sa 10–12 Uhr).

*Rottweil ⑮

Gehört St. Georgen noch ohne Wenn und Aber zum Schwarzwald, so markiert die Gegend um die am Neckar gelegene ehemalige Freie Reichsstadt Rottweil (26 000 Einw.; 507–745 m) bereits den Übergang zur weiter östlich gelegenen Schwäbischen Alb. Bauliche Überreste eines unter Kaiser

Trajan errichteten Bades können im **Freilichtmuseum Römerbad** besichtigt werden. Neben einigen sehenswerten Bürgerhäusern und dem mit einer schönen Fassade ausgestatteten **Herderschen Haus,** in dem das Stadtmuseum (Di–So 10–12 Uhr) eingerichtet ist, bilden vor allem die historischen Teile einer ehemaligen Stadtbefestigung und das **Heilig-Kreuz-Münster** die architektonischen Schaustücke der Kreisstadt.

Im Westen erhebt sich der über 50 m hohe **Hochturm,** von dem früher

3

Karte
Seite
60

Der Rottweiler Narrensprung

Es ist ein bildgewaltiges Spektakel, bei dem Besucher so manche Neckerei über sich ergehen lassen müssen: Mehr als 4000 farbenprächtig gekleidete Narren mit kunstvoll geschnitzten Holzmasken fallen am Rosenmontag und Fasnachtdienstag pünktlich um 8 Uhr morgens durch das Schwarze Tor in die Stadt Rottweil ein. Mit Schellen und Glöckchen behängt, ziehen sie lärmend durch die Straßen und treiben allerorten ihr närrisches Unwesen.

Dabei beginnt der Rottweiler Narrensprung, eines der ältesten und traditionsreichsten schwäbisch-alemannischen Fasnet-Spektakel, eigentlich nicht erst am »schmutzigen Donnerstag«, sondern bereits am 6. Januar (Dreikönigstag), wenn die »Abstauber« durch die Stadt ziehen, jene schwarzbefrackten Herren, die die Rottweiler Narrenkleider und die aus Lindenholz handgeschnitzten Masken vom Staub der vergangenen Monate befreien. Richtig los geht es dann

aber doch am »schmutzigen Donnerstag«, wenn Narrengruppen in den Straßen und Wirtshäusern Bürger um sich scharen und Lokalpolitisches oder persönliche Episoden durch den Kakao ziehen. Höhepunkt ist zweifellos der Rosenmontag. Angeführt von Reitern strömen die Narren bei Marschmusik in die Straßen, in genauer Abfolge, weit vorne der Narrenengel, dahinter der Schantle mit seinem Schirm, die Gschnellnarren im weißen Kleid usw. Besucher sollten sich vor dem Federahannes mit seinem befiedertem Umhang, der den Winter symbolisiert, in acht nehmen. Immer wieder setzt er zu kühnen Sprüngen an seiner langen Stange an, an deren Ende ein Kalbsschwanz hängt, mit dem er nur zu gerne seine Zuschauer neckt. Bis zum Einbruch der Dunkelheit machen die Narren die Straßen Rottweils unsicher, lesen aus ihren »Narrenbüchern« vor und erzählen Geschichten. Mit dem feucht-fröhlichen Rheinischen Karneval hat dies nicht viel gemein.

die Stadtwächter Ausschau nach möglichen Feinden hielten. Das bauliche Wahrzeichen von Rottweil ist das **Schwarze Tor,** das zur Zeit Kaiser Friedrichs II. erbaut wurde.

Mit dem alljährlichen **Narrensprung** am Rosenmontag (siehe links) liegt Rottweil ganz vorne auf der Beliebtheitsskala bei der schwäbisch-alemannischen Fasnet.

*Villingen-Schwenningen ㊱

Die familienfreundliche Stadt ist mit ca. 82 000 Einwohnern das kulturelle Zentrum des Mittleren Schwarzwaldes. Die Zähringerstadt Villingen wurde im 11. Jh. mit kreuzförmigem Grundriss angelegt. Der Mauerring, Wehr- und Tortürme, das Ursulinen-, Benediktiner- und Franziskanerkloster, bemalte Patrizierhäuser und prächtige schmiedeeiserne Aushängeschilder der zahlreichen gastronomischen Betriebe tragen zum Flair des Ortes bei. Ende des 12. Jhs. entstand das **Liebfrauenmünster.**

Ein spätgotischer Stufengiebel kennzeichnet das **Alte Rathaus** am Münsterplatz, das im 16. Jh. im Stil der Renaissance modernisiert wurde und eine Sehenswürdigkeit aus dem Jahre 1992 ist der von Klaus Ringwald geschaffene **Münsterbrunnen,** der alle kunsthistorischen Epochen mit Szenen aus der Stadtgeschichte illustriert.

Einen Besuch wert ist das ***Uhrenindustriemuseum** in der ersten württembergischen Uhrenfabrik (www.uhrenindustriemuseum. de, Di–So 10–12, 14–18 Uhr). Über 40 Exponate sind im **Internationalen Luftfahrtmuseum** (Mo–So 9–19, Nov. bis Febr. 9–17 Uhr) ausgestellt. Im

Detail des Brunnens am Villinger Münsterplatz

3
Karte Seite 60

Franziskanermuseum sieht man Trachten, Gläser, Möbel sowie Keltenfunde (Di–Sa 10–12, 13–17, So 13–17 Uhr). Der **Familienpark** ist ein Spaß für die ganze Familie (Mo geschl.).

Tourist-Information, Niedere Str. 88, 78050 Villingen-Schwenningen, www.tourismus-vs. de, Tel. 0 77 21/82 23 40, Fax 82 23 47.

Hotel Kurcafé Bosse, Oberförster-Ganter-Str. 9–11, www.hotel-bosse.de, Tel. 5 80 11, Fax 5 80 13. Gepflegtes Haus im Kurgebiet. Sehr gutes Restaurant für saisonal ausgerichtete Speisen. ◯◯

Donaueschingen ㊲

Donaueschingen (20 000 Einw.; 680 bis 820 m) wurde 1723 Residenz der Fürsten zu Fürstenberg, deren Biersorten heutzutage einen hohen Bekanntheitsgrad haben. Das *Schloss aus der Belle Epoque ist nur im Rahmen einer Führung zu besichtigen (Mai–Aug. 11, 14.30 Uhr). Im angrenzenden Schlosspark sprudelt die Donauquelle, und hier startet auch der Donauradweg, der bis nach Passau führt. Kunsthistorisch wertvoll ist die Fürstlich Fürstenbergische Sammlung im Karlsbau (März–Nov. Di–Sa 10–13, 14–17, So, Fei 10–17 Uhr).

Zu den kulturellen Höhepunkten gehören die Uraufführungen zeitgenössischer Tonkunst bei den **Donaueschinger Musiktagen** im Oktober.

Tourist-Info, Karlstr. 58, 78166 Donaueschingen, www.donaueschingen.de, Tel. 07 71/85 72 21, Fax 85 72 28.

Öschberghof, Golfplatz 1, www.oeschberghof.de, Tel. 07 71/8 40, Fax 8 46 00. Großes, modernes Golfhotel mit Hallenbad und feinem Restaurant. Das inmitten eines großen Parks gelegene Haus verfügt über 73 Zimmer ○○○

Zum Ochsen, Käferstr. 18, Tel. 8 97 71 72. Bodenständige Gerichte und gemütliches Interieur. ○○

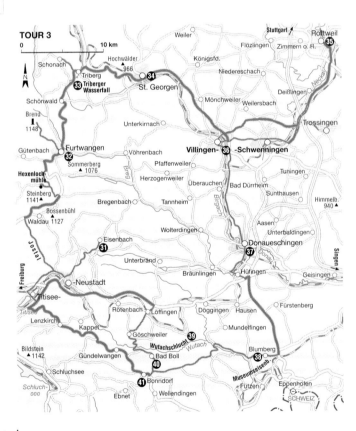

Das Schloss zu Donaueschingen

Durch die Wutachschlucht lässt es sich gut wandern

Blumberg ㊳

Südlich von Donaueschingen versteckt sich zwischen Wäldern und Feldern das Städtchen Blumberg, das seine Bekanntheit vor allem einer 1887 bis 1890 von der Großherzoglichen Staatsbahn erbauten Museumsbahn verdankt. Die Gleise der **Sauschwänzlebahn** ziehen sich nicht weit von der Schweizer Grenze entfernt zwischen Blumberg und Weizen 25 km weit durch eine reizvolle Gegend. Die Bahnstrecke, die tatsächlich einem geringelten Sauschwanz vergleichbar über Viadukte und durch Tunnel verläuft, bietet einen 1700 m langen Kreiskehrtunnel, der im Berg einen 360-Grad-Zirkel beschreibt (s. S. 21).

Die *Wutachschlucht ㊴

Diese großartige und wilde Urlandschaft südöstlich von Löffingen ist ein bevorzugtes Gebiet für Wanderer und Naturfreunde. Beim Verlassen des Titisees trägt der Fluss noch den Namen Gutach, während er bei Kappel zur Wutach wird, einem ungezähmten Wasserlauf, der sich auf den knapp 30 km bis Blumberg im Laufe der Jahrtausende tief in Granit und Buntsandstein einschnitt. Mit ungeheurer Kraft

baggerte das Wasser gigantische Geröllmassen aus und ließ einen bis zu 200 m tiefen Canyon zurück.

Das Naturschutzgebiet ist zum Paradies für seltene Pflanzen wie Frauenschuh, Türkenbund, Rotes Waldvöglein, Nelkengewächse und Bärwurz geworden.

⭐ Wildnis pur verspricht eine ungefähr fünfstündige Wanderung durch dieses Refugium der Natur. Man startet am besten bei **Bad Boll** ㊵ nördlich von **Bonndorf** ㊶. Der teilweise in den Fels gehauene Ludwig-Neumann-Weg führt über die schönsten und romantischsten Strecken der Schlucht, über Felsgalerien und an Pestwurzwäldern vorbei.

Wer wenig Zeit hat, gelangt von Löffingen aus zu der Gartenwirtschaft **Schattenmühle** (Tel. 0 76 54/17 05, Di–So 11–23 Uhr, ◐◑). Von dort führt ein 2 km langer Rundwanderweg zur ***Lotenbachklamm** und zurück. Festes Schuhwerk sollte auf keinen Fall fehlen.

ℹ️ Tourist-Information Bonndorf, Schlossstr. 1, 79848 Bonndorf, www.bonndorf.de, Tel. 0 77 03/76 07, Fax 75 07. Über Bonndorf und Lenzkirch oder über Löffingen an der B 31 geht es nach Titisee-Neustadt zurück.

3
Karte
Seite
60

Tour 4

Kaiserstuhl- und Tuniberg-Runde

Freiburg → *Endingen → Sasbach → **Burkheim → **Breisach → Opfingen → Freiburg (ca. 100 km)

Einsame Wärmerekorde am Rande des noch winterlichen Rest-Deutschlands: Nordlichtern treibt es im März oft Tränen in die Augen, wenn die Temperaturen des Kaiserstuhls auf der Wetterkarte erscheinen. Dann läge eigentlich nichts näher als eine Reise zu der »Vulkaninsel« mit dem herrschaftlichen Namen in der Oberrheinebene, auf der mediterranes Klima qualitätsvolle Weinsorten gedeihen lässt. Der fruchtbare Lössboden und das Vulkangestein, auf dem im Sommer Temperaturen bis zu 68 °C gemessen werden, sind aber nicht nur ideal zum Weinanbau. Besucher, die auf allen Vieren umherkrabbeln, haben nicht unbedingt dem hier gedeihenden Müller-Thurgau oder Spätburgunder im Übermaß zugesprochen: Die Sonnenbank Deutschlands ist auch ein Mekka für Naturfreunde, die bereits im März den ersten Küchenschellen, einer Smaragdeidechse oder der raren Gottesanbeterin nachspüren möchten.

Nicht übertrieben ist der Name »Paradies am Oberrhein« im Frühjahr, wenn Millionen von Kirsch- und Apfelblüten zarte Tupfen in die Landschaft zaubern. Wenig später wird der einst von Rentierherden und einem urzeitlichen Jägervolk bewohnte Tuniberg von Spargelliebhabern anvisiert. Die Zeit bis zum farbenprächtigen Herbst und

damit bis zur Weinlese verkürzen zahllose Wein- und Dorffeste.

Rund 85 % der Kaiserstuhloberfläche sind mit einer bis zu 30 m mächtigen Schicht aus Löss bedeckt. Löss besteht aus fein zerriebenen Steinen und Sand aus der Eiszeit und lässt sich leicht bearbeiten, da er sehr weich ist. Das machte es den Weinbauern leichter, die für den Wein so günstigen Lagen am Steilhang herauszuarbeiten.

Riegel ⑫

Nördlich von Freiburg führt die A 5 nach Nimburg und ins benachbarte Weinstädtchen **Bahlingen.** Hier existieren noch einige der immer seltener werdenden Lösshohlwege, die tiefe Rinnen im feinen Sediment bilden und Refugium für eine einmalige Tier- und Pflanzenwelt sind.

Das schmucke Städtchen **Riegel,** das mehrtausendjährige prähistorische Siedlungsspuren aufweist, hat einen schönen alten Stadtkern. Aus der Puste bringt Wanderer der steile Weg vorbei an Rebgärten hinauf zur Michaelskapelle, von deren Vorplatz sich ein Panoramablick über die **Barockkirche St. Martin** bis zu den Vogesen und auf den Leopoldkanal auftut.

Eisenbahnfans freuen sich auf die Abfahrtstage des Museumszügleins **Rebenbummler** (s. S. 67). Leider nur selten dampft der Oldtimer mit Waggons von 1882 und 1929 quer durch die Reben und Obstgärten in Richtung Breisach.

ℹ **Gemeindeverwaltung,** Hauptstr. 31, 79359 Riegel, www.gemeinde-riegel.de, Tel. 0 76 42/90 44-0, Fax 90 44 26.

Kaiserstuhl-Weinberg

4
Karte Seite 74

*Endingen ⑬

Pflaumen- und Kirschplantagen säumen die Straße in dem ehemals vorderösterreichischen Weinort Endingen, der bereits Ende des 13. Jhs. das Stadtrecht erhielt und heute noch ein schönes altes Ortsbild besitzt. Mittelpunkt ist der Marktplatz mit einem spätgotischen Brunnen, dem alten Rathaus von 1527 und dem Kornhaus von 1617 mit Staffelgiebel. Der spätbarocken Kirche **St. Peter** von 1775 ist der heraufdämmernde Klassizismus bereits anzusehen.

Beim Bummel durch die Stadt entdeckt man viele schöne Fachwerkbauten, etwa an der Dielenmarktstraße. Käsefreunde können sonntags zwischen 14 und 17 Uhr im **Käserei-Museum** die Herstellung von Käse beobachten (Rempartstr. 7). Im wunderschönen Fachwerkbau Üsenberger Hof aus dem 15. Jh. ist das Vorderösterreich-Museum untergebracht.

ℹ️ **Kaiserstühler Verkehrsbüro,** 79346 Endingen a. K., Marktplatz 6, www.endingen.de, Tel. 0 76 42/68 99 90, Fax 68 99 99.

🏠 **Dutters Stube,** Winterstr. 28, Endingen-Kiechlinsbergen, Tel. 17 86, Fax 42 86, www.duttersstube.de. Winziges Hotel in einem Fachwerkhaus, mit Feinschmeckerlokal; Mo, Di Ruhetage. ○○○–○○

🍴 **Schindlers Ratsstube,** Marktplatz 10, Tel. 34 58. Badische Spezialitäten wie Schnecken im heißen Bürelaibli, gute Weinkarte. ○○○–○○

🌙 Jeden 1. und 3. Freitag lockt der einfache **Adler** in Forchheim (2 km von Endingen; ○) Gäste von nah und fern zur Dorfmusik, mittlerweile schon seit Jahren ein Kultereignis. Rechtzeitiges Erscheinen ist daher angebracht.

Sasbach ⑭

»Vetter, die Gurken werden gelb, die Erdäpfel süß, die Tomaten kriegen rote Backen« – so lockte der Dichter Emil Gött seinen Cousin in die Gegend des einstigen Fischerdörfchens Sasbach, dessen Bewohner sich dem Weinanbau widmen, seit die Rheinregulierung den Fluss ein Stück vom Ort wegrückte. Geologische, geschichtliche und naturwissenschaftliche Themen bringt der **Wissenschaftliche Lehrpfad** näher, der am einstigen Zoll direkt am Rhein beginnt. Nur gemütliche 1,5 km sind es über den Lützelberg zur Ruine **Limburg,** der ein Artilleriebeschuss 1945 schwer zusetzte. Auf der ursprünglich von den Zähringern errichteten Festung soll nach unbestätigten Überlieferungen am 1. Mai 1218 mit Rudolf von Habsburg der Stammvater einer der berühmtesten Dynastien Europas geboren worden sein.

⭐ Mit dem Passagierschiff **Nepomuk** kann man an Sommerwochenenden von Sasbach zu den Schleusen von Marckolsheim, nach Breisach oder nach Straßburg fahren (Tel. 0 76 42/88 28).

⭐ Ein besonders schöner Ausflug in die Rheinauen lässt sich – am besten per Rad oder zu Fuß – von **Jechtingen** aus unternehmen. Der Weg verläuft durch eine naturbelassene Auenlandschaft zu der im Dreißigjährigen Krieg zerstörten Burgruine **Sponeck,** bei der man 1973 die Reste eines Römerkastells entdeckte. Der auffällige Burgturm wurde in den

Berühmt für sein Fachwerk ist das Weinstädtchen Burkheim am Kaiserstuhl

4
**Karte
Seite
74**

dreißiger Jahren von dem Maler Hans Adolf Bühler gebaut, der hoch unter den Wolken sein Atelier einrichtete.

i **Fremdenverkehrsverein Sasbach am Kaiserstuhl,** Hauptstr. 15, 79361 Sasbach, Tel. 0 76 42/9 10 10.

**Burkheim ⑮

Inmitten des landschaftlich schönsten Teiles des Kaiserstuhls liegt dieser malerische Ort mit einem lauschigen, von hübschen Fachwerkgebäuden umsäumten Marktplatz. Zu den architektonischen Kleinodien des Dorfes gehört das **Rathaus** von 1604 mit Renaissanceportal und Treppenturm. Die Ruine der **Burg** zu Burkheim gibt besonders in den Abendstunden eine eindrucksvolle Kulisse ab.

⭐ Romantiker sollten an einem **Nachtwächter-Rundgang** teilnehmen, der jeden Mi und So (zwischen Ostern und Nov.) angeboten wird. Mittelalterliches Flair kommt in dem Städtchen auf, wenn Mitte Juni

beim **Kunsthandwerker-Markt** buntes Treiben herrscht.

🏠 **Krone,** Mittelstadt 17, Tel. 2 11, Fax 60 23. Wenige Zimmer, gute Aussicht, schöne Terrasse, gutbürgerliches Restaurant. ○○

Im Herzen des Kaiserstuhls

Mitten im Kaiserstuhl liegen die Weinhochburgen **Bischoffingen, Oberrotweil** und **Oberbergen.** Sie verfügen über hervorragende Weinlagen wie z. B. die »Oberbergener Bassgeige«. Bei Oberbergen führt ein Naturlehrpfad durch die Naturschutzgebiete **Badberg** und **Haselschacher Buck,** deren Fauna und Flora einmalig sind. Im Mai und Juni verwandelt sich der von Magerwiesen bewachsene Badberg in ein kleines Orchideenparadies mit drei Dutzend Arten.

🍴 Einer der besten, aber auch umstrittensten (weil kritischen) Weinanbauer ist Franz Keller, dessen Restaurant **Schwarzer Adler** (Oberbergen, Tel. 0 76 62/93 30 –0; ○○○)

*Das Breisacher Münster ist
St. Stephan geweiht*

Bei der Weinlese am Kaiserstuhl

4

**Karte
Seite
74**

zu den renommiertesten, aber auch teuersten Adressen des Kaiserstuhls gehört.

Ein Kleinod besonderer Art besitzt ***Niederrotweil 45**: In der Friedhofskirche St. Michael befindet sich ein Schnitzaltar von 1525, der vermutlich wie der Breisacher Altar von dem berühmten unbekannten Meister H. L. stammt.

Gewürzt und gekocht werden die Speisen im Restaurant **Kaiserstuhl** auch gerne mit Wiesenkerbel, Löwenzahn, Brennessel und Gänseblümchen. Oberrotweil, Niederrotweiler Str. 5, Tel. 0 76 62/2 37, So ab 15 Uhr und Mo geschl. ○○

****Breisach am Rhein 47**

Breisach, des »Heiligen Römischen Reiches Schlüssel und Ruhekissen«, war politisch stets umstritten. Wer auf dem vulkanischen Berg hoch über dem Rhein die Lage beherrschte, kontrollierte auch den Zugang zum Schwarzwald.

Die Siedlungsgeschichte reicht bis in die Jungsteinzeit zurück. Zu römischer Zeit befand sich auf dem Münsterberg ein Kastell. Im Mittelalter entwickelte sich hier ein bedeutender Handelsplatz mit Münz-, Markt- und Stadtrechten. Ende des 12. Jhs. begann der Zähringerherzog Bertold V. mit dem Bau einer Burg (im 18. Jh. zerstört) und eines 42 m tiefen Brunnens (Radbrunnen), der heute noch zu bewundern ist. Mal war Breisach habsburgisch, mal französisch – die jeweilige Gegenseite tat stets ihr Bestes, die Stadt zu zerstören. Schwere Verwüstungen erlitt Breisach im Französischen Revolutionskrieg 1793 und im Zweiten Weltkrieg, als 85 % der Stadt in Schutt und Asche gelegt wurden.

Nach 1945 musste auch das ***St. Stephansmünster** (12.–15. Jh.) wiederaufgebaut werden. Im Inneren beeindrucken der vom Meister H. L. geschnitzte Hochaltar von 1525 und die Wandmalereien Martin Schongauers (um 1488).

Südlich vom Stadtkern führt ein Treppenaufstieg zur **Eckartsbergterrasse,** die einen hervorragenden Rundblick auf den Kaiserstuhl, den Schwarzwald und die Vogesen bietet. Im Westen liegt unterhalb des Münsterberges das vom Festungsbaumeister Vauban erbaute Rheintor von 1678.

Mittlerweile ist hier das sehenswerte **Museum für Stadtgeschichte** untergebracht (Di bis Fr 14–17, Sa, So und Fei 11.30–17, So 11.30–18 Uhr). Das **Rheintor** entstand 1670, als die Stadt französisch war.

Ausflug nach Neuf-Brisach

Wer sich ein Meisterwerk des Festungsbaumeisters Vauban anschauen möchte, kann in das nahe gelegene französische Neuf-Brisach fahren. Die fast komplett erhaltene Festung von riesigem Ausmaß zeugt von der Uneinnehmbarkeit dieser Wälle.

i **Breisach-Touristik,** Marktplatz, 79206 Breisach, www.breisach.de, Tel. 94 01 55, Fax 94 01 58.

Schiffsfahrten: Breisacher Fahrgastschifffahrt, Marktplatz 16, www.bfs-info.de, Tel.0 76 67/ 94 20 10. Rhein- und Schleusenfahrten auf Ausflugsdampfern.

Dampf-Bummel

Nur an wenigen Tagen im Jahr (Juni bis Okt.) dampft die Museumsbahn **Rebenbummler** rund um den Kaiserstuhl. Auch wenn die historischen Holzbänke der 3. Klasse hart sind, kann die nostalgische Fahrt dennoch höchst vergnüglich werden. An Bord sind nämlich alle Weine der Haltestationen. Wer will, kann unterwegs also sogar eine regelrechte Weinprobe absolvieren. Als Kombination bietet sich eine Schifffahrt ab Breisach an (Infos: Verkehrsbüro Endingen, Marktplatz 6, 79346 Endingen, Tel. 0 76 42/68 99 90, Fax 68 99 99).

Hotel am Münster, Münsterbergstr. 23, www.hotel-am-muenster.de, Tel. 83 80, Fax 83 81 00. Auf der Sonnenseite des Münsterbergs gelegenes 4-Sterne-Hotel. ○○○
▪ **Kapuzinergarten,** Kapuzinergasse 26, www.kapuzinergarten.de, Tel. 9 30 00, Fax 93 00 93. Individuelles Hotel mit gutem Restaurant, Terrasse mit Blick auf den Kaiserstuhl. ○○○–○○
▪ **Landgasthof Adler,** Hochstetterstr. 11, www.adler-hochstetten.de, Tel. 9 39 30, Fax 93 93 93. Komfortable Zimmer, außerdem eine gute Küche. ○○

⭐ Für eine Weinprobe bieten sich in Breisach mehrere Gelegenheiten, etwa bei der größten Erzeugerweinkellerei Europas, dem **Badischen Winzerkeller** mit sehenswertem Holzfasskeller. Idyllischer ist ein Besuch im **Weingut Gebrüder Müller** (Richard-Müller-Str. 5, Tel. 5 11, nach Voranmeldung).

4
Karte
Seite
74

Ihringen ㊼

Im Kaiserstuhl, diesem Paradies für Wanderer und Weintrinker, konnte leider auch der Sündenfall nicht ausbleiben: Rebumlegung hieß das, was Naturschützer als »Umlegen der Natur« interpretierten. Die existierenden Terrassen wurden in den 1980er-Jahren planiert, damit sie mit Maschinen bewirtschaftet werden konnten.

i Auskünfte zu den zahlreichen **Weingütern** vor Ort, Besichtigungen etc. erteilt die Winzergenossenschaft Ihringen e. G., Winzerstr. 6, 79241 Ihringen, www.ihringerwein.com, Tel. 0 76 68/90 36-0.

In Ihringen klettern die Temperaturen stets am höchsten, weshalb sich der Ort als wärmster Flecken Deutschlands brüsten kann. Dass die Terrassenfelder des Kaiserstuhls auch scherzhaft als »Klein-China« bezeichnet wurden, hängt damit zusammen, dass sie der chinesischen Felderwirtschaft ähneln.

Inmitten der Weinberge liegt das Aussichtslokal **Lenzenberg** (Tel. 0 76 68/2 84, Do geschl.), zu dem sich ein kleiner Aufstieg lohnt. ○○

Zwischen Ihringen und Wasenweiler führt ein Abstecher ins **Liliental** zu einem forstlichen Versuchsgelände mit botanischen Kostbarkeiten. Das Ausflugslokal **Lilie** (○○–○) gehört zu den beliebtesten Zielen ortskundiger Kaiserstuhlwanderer (Di geschl.).

Fremdenverkehrsbüro, 79241 Ihringen, www.ihringen.de, Tel. 0 76 68/93 43.

Hotel Bräutigam, Bahnhofstr. 1, 79241 Ihringen, www.braeutigam-hotel.de, Tel. 9 03 50, Fax 90 35 69. Modernes Hotel in ehemaligem Bahnhofsgebäude. ○○

Bräutigams Weinstuben, im Hotel Bräutigam, s. o. Sehr gutes Restaurant mit der Lage angemessener Weinauswahl. ○○○–○○

Tuniberg ㊾

Der Tuniberg gilt als klassisches Spargelanbaugebiet. Überall werden die weißen Stangen angeboten, so auch in **Merdingen.** Der Ort besitzt mit der Barockkirche St. Remigius und einem alten Beinhaus zwei Sehenswürdigkeiten.

4
Karte Seite 74

Tour 5

Trachten, Türme, Traditionen

Offenburg → **Gengenbach → Haslach → **Vogtsbauernhof → Gutach → Waldkirch → *Kandel → *St. Peter → St. Märgen → Titisee (130 km)

Nichts für Raser ist die Strecke von der Ortenau-»Hauptstadt« Offenburg hinauf in den Hochschwarzwald. Das liegt zum einen an den kleinen und gewundenen Straßen, zum anderen an den vielen Verlockungen, denen die Besucher ausgesetzt sind: Die Ortenau ist berühmt für ihre guten Weine und ihre französisch beeinflussten Gaumenfreuden. Schließlich liegt Straßburg nur 20 km von Offenburg entfernt. Die Fahrt durch das Kinzig- und Prechtal bietet »alles auf einen Streich«: idyllische Orte mit herausgeputzten Fachwerkhäusern, uralte Bauernhöfe, Kulturstätten und eine malerische Landschaft, in die sich das prächtige Schwarzwaldhausmuseum Vogtsbauernhof bestens einfügt. Höhepunkt dieser Tour im Wortsinn ist der Kandel mit 1241 m. Die Bilderbuchkulisse der Luftkurorte St. Peter und St. Märgen lädt ebenso zu erholsamen Wanderungen ein wie das sonnige Hochplateau rund um Breitnau.

Offenburg ㊿

Am weiten Eingang von der Rheinebene ins Kinzigtal liegt die Kongress- und Messestadt Offenburg (57 700 Einw.; 142–690 m). Ihre günstige Lage er-

kannten bereits die Römer, da sich an dieser Stelle des Rheintales zwei in Ost-West- bzw. Nord-Süd-Richtung verlaufende Handelsstraßen kreuzten. Die meisten der erhaltenen alten Gebäude sind durch den Barock geprägt.

Rund um den Marktplatz

Am neu gestalteten Marktplatz mit der zu Ehren der Schutzpatronin der Stadt errichteten St.-Ursula-Säule und am benachbarten Fischmarkt zeigt Offenburg sein historisches Gesicht: Das barocke **Rathaus** von 1741 ist mit einer figürlichen Darstellung des mutmaßlichen Stadtgründers Prinz Offo geschmückt. Gegenüber weist das im ausgehenden 18. Jh. errichtete ehemalige Salzhaus eine Fassade im klassizistischen Stil auf.

Auf dem **Fischmarkt** thront ein steinerner Löwe auf dem 1599 erbauten Löwenbrunnen, während nebenan die gut 20 Jahre ältere Hirschapotheke mit einem prächtigen Stufengiebel und einer reich bemalten Fassade die Blicke auf sich zieht. In der Nähe steht die Stadtpfarrkirche Heiliges Kreuz.

Ausflugsziele für Aktive

Ideale Bedingungen herrschen in Offenburg für Radfahrer – die Stadt wurde als fahrradfreundlichste Stadt in Baden-Württemberg ausgezeichnet. Steile Schwarzwaldhänge locken Mountainbiker, während weniger Durchtrainierte für gemächliches Radwandern die Rheinebene bevorzugen. Der grenzüberschreitende Europa-Radweg verbindet die Ortenau-Metropole mit dem benachbarten Elsass.

i **Stadtinformation,** Fischmarkt 2, 77652 Offenburg, www.offenburg.de, Tel. 07 81/ 82 20 00, Fax 82 27 51. Kostenloser Fahrradverleih.

Die Gengenbacher Engelgasse

 Golden Tulip Hotel Palmengarten, Okenstr. 15–17, www.hotel-palmengarten.com, Tel. 20 80, Fax 20 81 00. Modernes Haus mit Restaurant. ○○○

▌ **Blume,** im Ortsteil Rammersweier, Weinstr. 160, Tel. 33 36 66, Fax 44 06 03, www.gasthof-blume.de. Kleines und gemütliches Hotel mit ausgezeichneter Küche. ○○

▌ **Mercure am Messeplatz,** www.mercure.de, Tel. 50 50, Fax 50 55 13. Modern, mit eigenem Restaurant. ○○

Ritter, Talstr. 1, Tel. 9 32 30, in Durbach nordöstlich von Offenburg. Eines der klassischen Schwarzwälder Traditionsrestaurants inmitten der idyllischen Weinlandschaft. ○○○

Gengenbach 🛈

Unter den Kleinstädten des Ortenaukreises gilt der Ort (11 000 Einw.; 175–875 m) als besonderes Schmuckstück. Alterskrumme Fachwerkfassaden, Stadttore, gepflasterte Gassen, verschwiegene Innenhöfe und der singende Nachtwächter lassen ein wenig das Mittelalter wiederauferstehen.

Am lebhaften Ambiente haben auch die Touristen ihren Anteil, die an sonnigen Wochenenden in ganzen Busladungen die Kinzigtalidylle besuchen,

5

Karte Seite **74**

um etwa in der **Pfarrkirche St. Marien** eine Messe mitzuerleben. Bei dieser ehemaligen Klosterkirche handelt es sich um eine romanische Kreuzbasilika der Hirsauer Schule und gleichzeitig um eine der ältesten Kirchen der Ortenau aus dem 11. Jh. Die Seitenschiffe werden abwechselnd von runden und eckigen Pfeilern getragen. Im Innenhof der ehemaligen Abtei wuchern in einem Kräutergärtlein Heil- und Gewürzpflanzen.

Am eindrucksvollsten präsentiert sich das intakte Stadtbild mit seinen restaurierten Fachwerkhäusern um den 1582 errichteten **Röhrbrunnen** auf dem gepflasterten Marktplatz. Die auf der Brunnensäule stehende Skulptur trägt Schriftrollen, welche die Privilegien der einstigen Freien Reichsstadt symbolisieren. Neben dem **Rathaus** mit seiner Fassade im Stil des französischen Klassizismus bezieht der Marktplatz seine Wirkung als geschlossenes Ensemble von den drei Stadttoren, die von hier aus zu erreichen sind. Im Dezember verwandelt sich die geschmückte Fassade des Rathauses in den weltgrößten Adventskalender.

Nach Süden sicherte früher der **Kinzigtorturm** die Stadtbefestigung. Das mit dem Gengenbacher Wappen und einer Sonnenuhr dekorierte Obertor diente als Wachturm der nördlichen Stadtbefestigung und stammt aus dem 13. Jh. Von einer an den Turm angebauten hölzernen Galerie bietet sich ein schöner Blick auf den Marktplatz. Im Gänsbühl am Obertor steht mit dem **Färberhaus** ein sehenswertes Anwesen, in dem einst die Färber ihre Tücher im offenen Obergeschoss zum Trocknen aufhängten.

In der ***Engelgasse** befindet sich das Elternhaus von Victor von Scheffel. Die Gasse ist auf ihrer gesamten Länge von den Fassaden renovierter

oder wiederaufgebauter Fachwerkhäuschen mit vorspringenden Obergeschossen gesäumt.

Im Niggelturm aus dem 13. Jh., der früher ein Bestandteil der westlichen Stadtmauer war, fand das lokale **Narrenmuseum** mit zahlreichen Fasnetshäs und Masken eine Heimstätte (April–Okt. Mi 14–17, Sa 14–17, So 10–12, 14–17 Uhr).

 Gengenbach Kultur- und Tourismus GmbH, Winzerhof, 77723 Gengenbach, www.gengenbach.info, Tel. 0 78 03/93 01 43, Fax 93 01 42.

🏠 **Benz,** Mattenhofweg 3, www.hotel-benz.de, Tel. 9 34 80, Fax 93 48 40. Angenehmes kleines Haus mit Restaurant. ◐◯

Ins Nachbarland

Welch bevorzugte Lage! Grenzt der Schwarzwald im Westen doch an das Elsass, das mit seinen Burgruinen, romantischen Orten, den Weinbergen und den Vogesen zu den schönsten und interessantesten Regionen Frankreichs zählt. Gourmets schätzen das Elsass als Schlemmer- und Weinparadies, andere sind entzückt von den putzigen Ortschaften, die zwar alemannisch geprägt, doch bereits vom Charme des französischen Laisser-faire durchdrungen sind. Und die wenigsten kehren aus dem Elsass zurück, ohne zumindest ein paar Flaschen Wein im Gepäck zu haben.

Vom Schwarzwald aus bieten sich interessante Tages- oder Wochen-

5
**Karte
Seite
74**

Strohhof, Tel. 37 13. Gemütliche Bauernwirtschaft. Bibbeleskäs, Hausmacherwurst aus eigener Herstellung. ○

Sport Vor den Toren von Gengenbach gibt es einen Nordic-Walking-Park mit Wegen über 2,5, 5 und sogar 11 km mit unterschiedlichen Schwierigkeitsgraden.

Hofstetten ⑤②

Am Weg, das Kinzigtal aufwärts, liegt abseits der Hauptroute die kleine Gemeinde Hofstetten, welcher der Volksdichter Heinrich Hansjakob in seinen Werken »Schneeballen« und »Im Paradies« ein literarisches Denkmal setzte. Recht häufig kehrte er im historischen, schon im Jahr 1493 gegründeten Gasthaus **Drei Schneeballen**

Wirtshausschild der »Drei Schneeballen«, Hofstetten

ein (Tel. 0 78 32/28 15), wo er von seinem Stammplatz aus den Blick über die Wälder und Wiesen schweifen lassen konnte, die ihm so sehr am Herzen lagen. Am Ortsrand steht im Wald

5

Karte Seite 74

endausflüge an. Etwa ins mittelalterlich anmutende ***Straßburg** mit seinen romantischen Fachwerkhäusern, den stolzen Bürgerhäusern und natürlich dem berühmten Münster, dessen »Einturmigkeit« neben dem skulpturenreichen Portal etwas Einzigartiges hat. Hier lässt sich leicht ein Tag verbringen, beim Bummeln durch »La petite France« mit seinen Wasserstraßen, beim Verweilen in den Straßencafés oder einem Besuch der Museen. Weiter südlich liegt das mittelalterliche ***Colmar,** von den Zerstörungen des Zweiten Weltkriegs verschont geblieben, das einen weltberühmten Schatz birgt: den *Isenheimer Altar, der zwischen 1512 und 1516 als Auftragsarbeit von Mathias Grünewald geschaffen wurde und im Dominikanerkloster zu bestaunen ist.

»Klein Venedig« wird Colmars Innenstadt liebevoll genannt, und tatsächlich erinnert die Szenerie an die italienische Hafenstadt: Häuser grenzen unmittelbar an die Lauch, Brücken und Stege führen hinüber.

Neben den zahlreichen kleinen Winzerorten ist natürlich die Besichtigung von ***Neuf-Brisach** empfehlenswert, einst auf Veranlassung Ludwigs XIV. zwischen 1699 und 1703 als mächtige, sehr eindrucksvolle Festungsanlage mit achteckigem Grundriss errichtet (s. S. 67). Zentrum ist die quadratische Place d'Armes. Über eine Brücke gelangt man vom Ort wieder ins badische Breisach, sofern man nicht in südlicher Richtung weiterfahren möchte.

die Grabkapelle, wo der populäre Schriftsteller seine letzte Ruhestätte fand.

Haslach ㊾

Im Kinzigtal bei Haslach (7000 Einw.; 220–500 m) war der Bergbau im Mittelalter eine profitable Einnahmequelle. Große Mengen an Silbererz wurden aus dem Berg geholt. Wäre das Städtchen 1704 von französischen Truppen nicht fast vollständig zerstört worden, würden heute wahrscheinlich noch viel mehr architektonische Schmuckstücke rund um den Marktplatz existieren, wie z. B. das über 250 Jahre alte **Rathaus** mit seinen bemalten Fassaden.

In den Räumen des ehemaligen Kapuzinerklosters wurde das **Schwarzwälder Trachtenmuseum** eingerichtet (Di–Sa 9–17, So und Fei 10 bis 17 Uhr, im Winter eingeschränkte Öffnungszeiten).

Das **Besucherbergwerk »Segen Gottes«** gehört zu den bedeutendsten historischen Silberbergwerken der Region (Führungen im Sommer Di–So 11–15.30 Uhr).

Im **Hansjakob-Museum »Freihof«** kommen Anhänger des populären südbadischen Volksschriftstellers auf ihre Kosten (Mi 10–12, 15–17, Fr 15–17, im Sommer auch So 10–17 Uhr).

Tourist-Information,
Im Alten Kapuzinerkloster, 77716 Haslach, www. haslach.de, Tel. 0 78 32/70 61 70, Fax 70 61 79.

Blume, Schnellinger Str. 56, Tel. 9 12 50, www.zur-blume.de. Schöner Landgasthof mit gut eingerichteten Zimmern. ◐◯

Ein Haus des Freilichtmuseums

Storchen, Hauptstr. 35, Tel. 97 97 97, www.hotel-storchen.de. Sympathisches Gasthaus in der Altstadt, leichte Küche (So–Fr ab 17, Sa ab 18 Uhr). Fantasievolle Gästezimmer (Lagune, Heißluftballon u. a.), beliebt bei Bikern. ◐◯

Freilichtmuseum Vogtsbauernhof ㊿

Die gut 5700 Einwohner zählende Gemeinde **Hausach** ㊿ hat mit ihren weitläufigen Wiesen und Wäldern seit langem einen Namen als Erholungsort. Die Gutach fließt von Süden der Kinzig zu und sorgte über lange Zeit für die Entstehung eines Tales, dem heute die Bundesstraße 33 folgt.

Das Freilichtmuseum, das niemand auslassen sollte, der sich für die bäuerlichen Traditionen der Region interessiert, liegt am Weg in die Nachbarortschaft Gutach. Kaum irgendwo sonst werden Lehrstunden in Sachen Schwarzwald malerischer und unterhaltsamer dargeboten als in diesem Ensemble, das einen lebendigen Einblick in die Kultur und Lebensweise der Schwarzwälder Bauern während der vergangenen Jahrhunderte gibt.

Begründet wurde das Freilichtmuseum vom Schwarzwaldhausforscher

Schilli, der 1963 den Vogtsbauernhof kaufte. Der Hof zeigt, wie die Häuser der damaligen Landbevölkerung eingerichtet waren, wie die Menschen Haus und Hof bewirtschafteten und vieles mehr. Die einzelnen aus dem 16. und 17. Jh. stammenden Höfe wurden von ihren ehemaligen Standorten nach Gutach gebracht, um sowohl architektonische Unterschiede als auch die Gemeinsamkeiten der regionalen Bauweise aufzuzeigen.

Das »Stammhaus« des Museums, der namengebende Vogtsbauernhof, steht seit etwa 1570 an Ort und Stelle. Auf den ersten Blick enthüllt sich Romantik pur unter den weit heruntergezogenen Dächern. Aber eine genauere

Beobachtung macht deutlich, wie hart und entbehrungsreich das Leben der Menschen in dieser Mittelgebirgsregion manchmal gewesen sein muss. Größtenteils waren die Bauern in ihrer Versorgung auf sich selbst gestellt. Sie mahlten ihr Mehl, räucherten Wurst und Schinken und brannten auf traditionelle Art und Weise ihren Schnaps, der damals eher ein Heil- als ein Genussmittel war. Diese Verfahren und viele alte Handwerksberufe sind auf dem Vogtsbauernhof bei Demonstrationen zu bewundern.

ℹ️ Tel. 0 78 31/9 35 60, www.vogtsbauernhof.org, April–Okt. tgl. 8.30–18 Uhr.

Von Romantik keine Spur – Schwarzwälder Handwerk

Bäuerliche Idylle, klappernde Mühlen am rauschenden Bach und Schwarzwälderinnen mit leuchtend roten Bollenhüten sind schon auf den Gemälden des Schwarzwälder Malers Thoma verewigt. In Wahrheit aber war das Leben der Bevölkerung in dieser Bergregion in früheren Jahrhunderten alles andere als romantisch. Die kargen Früchte der Felder zwangen zu Nebengewerben, wobei auch die Kinder kräftig mitzuhelfen hatten. In der kalten Jahreszeit saßen die Bauern bei glühendem Kienspan an der »warmen Kunst« (dem Kachelofen) und stellten etwa im Schneflerzentrum im Bernauer Tal die Holz-schindeln her, mit denen die Schwarzwaldhäuser gedeckt wurden. Sie schnitzten Holzschuhe, Löffel, Schüsseln oder Gehäuse für Kuckucksuhren, weil sie ohne diese Heimarbeiten ihre vielköpfigen Familien kaum ernähren konnten. Frauen und Kinder machten Flechtarbeiten. Manche Nebenerwerbstätigkeit wurde durch die Materialbeschaffung erschwert. Die Schnefler etwa konnten nur mindestens hundert Jahre altes Holz von Fichten, Weißtannen, Buchen und Bergahorn verwenden. Bereits 1683 erließ St. Blasien eine Waldordnung gegen den Raubbau, nach der jedem Handwerker pro Jahr nur noch ein einziger Baumstamm kostenlos zustand. Als die Holzpreise stiegen, lohnte sich die Schneflerei kaum mehr und wurde schließlich durch das Aufkommen von Emaillewaren ganz verdrängt. Doch nicht nur die traditionellen Holzwaren wurden durch moderne Industrieprodukte abgelöst. Ähnlich erging es den Bürstenherstellern und Glasbläsern, den Köhlern und den Seilern, deren Handwerk heute meist nur noch Demonstrationscharakter hat.

5
Karte
Seite
74

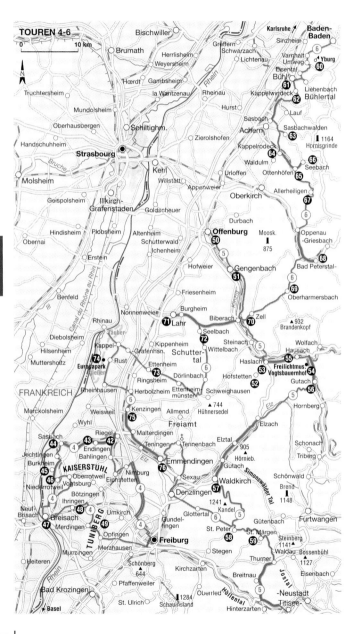

Gutach ⑤

Medien und Tourismusmanager haben den roten Bollenhut als die »Schwarzwälder Antwort auf die bayerische Lederhose« vermarktet. Aber in Wahrheit hat der kleidsame Kopfschmuck nur in den Gemeinden Kirnbach, Reichenbach und Gutach Tradition. Und selbst bei den Einwohnern des 2200-Seelen-Ortes (250 bis 850 m) kommt die Schwarzwälder Tracht bestenfalls an Feiertagen oder für Folkloreabende aus der Truhe. Außer in Rot, der Hutfarbe für junge Mädchen, die noch zu haben sind, wird die berühmte Kopfbedeckung auch in Schwarz getragen – und zwar von verheirateten Frauen.

⭐ Für Wanderer ist Gutach ein guter Ausgangspunkt, um auf den 43 km langen **Hansjakob-Weg I** oder den 104 km langen **Hansjakob-Weg II** zu gelangen. Da an den Strecken zahlreiche Schauplätze der Erzählungen des Dichters liegen, kann man die Wanderung als eine Art literarische Entdeckungsreise nutzen (Karten sind beim Schwarzwaldverein erhältlich).

ℹ️ **Verkehrsamt,** Hauptstr. 38, 77793 Gutach, www.gutach-schwarzwald.de, Tel. 0 78 33/93 88–0, Fax 93 88 11.

🏠 **Zur Linde,** www.linde-gutach. de, Tel. 3 08, Fax 81 26. Schöner historischer Gasthof mit Terrasse, Hallenbad und Sauna. Im Restaurant werden Schwarzwälder Spezialitäten angeboten. ◯◯
▮ **Rommelehof,** Ramsbachweg 69, Tel. 65 40, www.rommelehof.de. Familiäre Pension in einem bereits 1665 erwähnten Hof; etwa 1 km vom Ortszentrum entfernt.

Durch Prechtal und Elztal

Südlich von Gutach windet sich die Nebenstrecke in engen Serpentinen durch dichten Hochwald zum Landwassereck hinauf. Von der Passhöhe reicht der Blick in die nordwestlichen Täler und Berge.

Nach Südwesten folgt die Straße bergab dem ländlichen **Prechtal** mit der Ortschaft Oberprechtal, der Ernest Hemingway 1922 in einem Artikel für den »Toronto Star« auf sehr bissige Weise gedachte: »Die Bettlaken sind kurz, die Federbetten klumpig«, nörgelte er und beschrieb den Wirt des Gasthofes Rößle als »unerschütterlich wie ein Ochse«. Nicht besser kam dessen Frau weg. Heute muss der Gast zwar auf eine Hemingway-Stube verzichten, nicht aber auf freundlich servierte, schmackhafte badische Speisen.

🍴 Feinste Forellengerichte und verführerische Vorspeisen in herrlich altem Schwarzwaldambiente gibt es im **Adler** in Oberprechtal, Waldkircher Straße 2, Tel. 0 76 82/ 12 91. Di geschl. ◯◯◯–◯◯

Mit jedem Kilometer, den die Straße bergab führt, wird die Landschaft in Richtung **Elztal** weiter und lieblicher. Die Gemeinde Elzach ist nicht nur für ihre gute Luft, sondern vor allem für ihre traditionsreiche Fasnet bekannt. Eine der ältesten und originellsten Narrengestalten, der mit einem Strohhut bekleidete und mit vielen Schneckenhäuschen geschmückte Schuddig, ist dort zu Hause.

⭐ Bei Gutach biegt das malerische ***Simonswälder Tal** zur Uhrenmetropole Furtwangen ab. Landschaftlich gehört es zu den schönsten Tälern im südlichen Schwarzwald.

5

Karte Seite 74

Waldkirch ⑰

Das 20 000 Einwohner zählende
Städtchen (243–1243 m) am Fuße des
Kandel hat sich in den letzten Jahren
zu einem ansehnlichen Wirtschafts-
zentrum im Elztal entwickelt, das als
Einkaufs- und Restaurantalternative
selbst mit dem viel größeren Freiburg
konkurriert. Vom gepflasterten Marktplatz aus erkennt man über den grünen Wipfeln nordwestlich der Stadt
die aus dem 13. Jh. stammende **Kas-
telburg,** die aber seit ihrer Zerstörung
im Jahr 1634 nur noch blinde Fenster
und bröckelndes Mauerwerk aufzu-
weisen hat.

Winterwanderung auf dem Kandel

Der bekannte Vorarlberger Baumeister Peter Thumb schuf im 18. Jh.
mit der schönen Barockkirche
St. Margaretha ein Werk, das den Zei-
tenwechsel unbeschadet überstand.

Prominentester Gast im ehemaligen **Propsteigebäude** aus dem 19. Jh.
gleich neben der Kirche war vermutlich Kaiser Wilhelm I., der dort logier-
te, als der schlossähnliche Bau noch
als Herberge Gäste empfing. Mittlerweile dient das Gebäude als **Elztalmu-
seum** mit einer stattlichen Sammlung
mechanischer Orgeln und anderer Mu-
sikinstrumente. Zudem erfahren Mu-
seumsbesucher viel zum Brauchtum
im Schwarzwald (Di–Sa 15–17, So
11–17 Uhr, im Winter kürzere Zeiten).

⭐ Ein Hit bei Kindern ist der
Schwarzwaldzoo in der Nähe
des Stadtrainsees mit Tret- und Ruder-
booten und einem Streichelzoo (April
bis Sept. 9–18 Uhr, Okt., Nov., März
9–17 Uhr).

ℹ️ **Tourist-Information,**
Kirchplatz 2, 79183 Waldkirch,
www.stadt-waldkirch.de,
Tel. 0 76 81/1 94 33,
Fax 40 41 07.

🏠 **Schwarzwaldstuben,** Merklin-
str. 20, www.schwarzwald
stuben.de, Tel. 47 92 40, Fax 2 43 58.
Am Fuß des Kandel; gutes Hotel mit
Restaurant. ○○
▮ **Pension Imhof,** Hödlerstr 45, Tel.
66 63, Fax 47 55 54. Nette Pension
mit freundlichen Gastgeberinnen. ○

🍴 **Entennescht,** am südlichen
Ortseingang von Kollnau,
Hauptstr. 1, Tel. 2 22 47. Gemütliches
Nobelrestaurant mit wenigen Tischen
und raffinierten Gerichten (So ge-
schl.). ○○○
▮ **Suggenbad,** südlich von Waldkirch
im Suggental, Tel. 80 91. Sehr gepfleg-
te und gemütliche Atmosphäre mit
wunderschöner Kachelofenstube,
Spezialitäten wie Rostbraten und
Rösti sowie feine Fischgerichte. ○○

⭐ Die Straße auf den Gipfel von
Waldkirchs Hausberg, dem
1243 m hohen ***Kandel,** überwindet
1000 Höhenmeter und endet auf den
großen Parkplätzen, wo an sonnigen
Winterwochenenden die »Flüchtlinge«
aus den Nebeltälern ihre Fahrzeuge
abstellen, um Schnee und blanken
Himmel zu genießen. Beliebt ist der
Gipfel auch bei Drachenfliegern, die
hier in Richtung Elztal starten.

Einen traumhaften Blick hat man von der Höhe über St. Peter

Die Kirche von St. Peter ist ein Werk von Peter Thumb

St. Peter 58

In St. Peter (2400 Einw.; 700–1200 m) ließ Herzog Bertold II. von Zähringen das ***Benediktinerkloster** Ende des 11. Jhs. erbauen, doch die von Peter Thumb errichteten Klostergebäude stammen aus den zwanziger Jahren des 18. Jhs. Noch prunkvoller als der barocke Kirchenraum ist die *Klosterbibliothek im Rokokostil.

Neben Malerei und Architektur kann sich in St. Peter auch das Brauchtum sehen lassen. Der Ort rühmt sich als eine der bedeutendsten Trachtengemeinden des Schwarzwaldes. Aber auch der moderne Tourismus kommt nicht zu kurz. St. Peter bietet in seiner Umgebung reizvolle Nordic-Walking-Strecken, Wanderwege, eigens für Kinder entwickelte Programme und ein Hallenbad für »Wasserratten«.

Tourist-Information, Klosterhof 11, 79271 St. Peter, www.st-peter-schwarzwald.de, Tel. 0 76 60/91 02 24, Fax 91 02 44.

Zum Hirschen, Bertoldplatz 1, www.gasthof-hirschen.de, Tel. 2 04, Fax 15 57. Gasthof im Schwarzwälder Stil mit Restaurant. ❍❍❍

- **Zur Sonne,** Zähringerstr. 2, www.sonneschwarzwald.de, Tel. 9 40 10. Gastlichkeit mit Atmosphäre; das Haus verfügt über 14 Zimmer. Vielgelobte Küche, der zu Recht ein Michelin-Stern verliehen wurde. ❍❍❍
- **Jägerhaus,** Mühlengraben 18, www.hotel-jaegerhaus.de, Tel. 9 40 00, Fax 94 00 14. Am Ortsrand, freundliche Zimmer im Landhausstil, Mountainbikeverleih. ❍❍❍

Panorama, Schmittenbach 6, Tel. 2 24. Pizzeria am nordöstlichen Ortsende. Wenn im Tal der Nebel hängt, kann man auf der Terrasse den Sonnenschein genießen. ❍

- **Plattenhof,** etwas außerhalb gelegen, Tel. 8 64. Gemütliche Gaststube bei einem kleinen See. ❍

St. Märgen 59

Über die Schwarzwald-Panoramastraße gelangt man von St. Peter durch eine traumhaft schöne Landschaft nach St. Märgen (900–1100 m). Die Häuser des Ferienortes scharen sich um die 1716–1725 erbaute barocke Wallfahrtskirche **Maria Himmelfahrt,** deren Doppeltürme eine Art Wahrzeichen sind.

5 Karte Seite 74

Im Sommer lädt das **Freibad** – ein kalter Natursee mit hervorragender Wasserqualität – zum erfrischenden Baden ein. (tgl. 9–19 Uhr).

Besucher von Berg und Tal kommen alle drei Jahre im Sept. zum **Tag des Schwarzwälder Pferdes,** in dessen Mittelpunkt der für die Region typische Schwarzwälder Fuchs mit der blonden Mähne steht (nächster Termin 2007).

St. Märgen ist Ausgangspunkt zahlreicher **Wanderwege.** Lohnend ist vor allem der 13 km lange Rundweg, der beim Hotel Hirschen beginnt und über die Rankmühle und den Hirschbachfall bis zu den Zweribachfällen führt.

i Tourist-Information, Rathausplatz 1, 79274 St. Märgen, www.st-maergen.de, Tel. 0 76 69/91 18 17.

Hirschen, Feldbergstr. 9, www.hirschen-st-maergen.de, Tel. 94 06 80, Fax 9 40 68 88. Behagliche Zimmer; Sauna und Fitnessraum. Gutes Restaurant mit badischer Küche. ○○

▌ **Thurnerwirtshaus,** 7 km vom Ort entfernt an der Thurnerloipe, www.thurnerwirtshaus.de, Tel. 2 10, Fax 7 13. Ein Wirtshaus mit über dreihundertjähriger Tradition; gute Zimmer, bodenständige Küche, Schwimmbad. ○

Beim 1034 m hohen Thurner mündet die Route in die nach Hinterzarten führende **Schwarzwald-Panoramastraße**. Von der Gemeinde Breitnau aus hat man Zugang zur Ravennaschlucht. Über Hinterzarten geht es nach Titisee, wo die Tour endet.

Tour 6

Zwischen Wein und Rhein

Baden-Baden → *Badische Weinstraße in der Ortenau → **Allerheiligen → **Zell am Harmersbach → Lahr → Ettenheim → *Rust → Emmendingen → *Glottertal (ca. 190 km)

Manch einer hat schon auf der Fahrt durch das Rheintal mit der malerischen Schwarzwaldkulisse »angebandelt« und ist auf späteren Erkundungen zum echten Schwarzwald-Fan geworden – sofern er überhaupt über die ausgedehnten Obst- und Weingärten der Ortenau, über Maisfelder und weite Tabakkulturen hinauskommt! Denn selbst eingeschworene Asketen können kaum den Genüssen widerstehen, die hier aufgetischt werden. Die Tour verläuft teilweise als Badische Weinstraße durch das Rebland der Ortenau mit ihren Weindörfern. Einen Vorgeschmack auf die dunklen Wälder erhält man auf der Strecke von Allerheiligen nach Oberharmersbach, historische Bauwerke in Zell a. H. und Lahr folgen. Durch das abgelegene Schuttertal mit den intakten Mühlen führt die Tour durchs Kleine Münstertal über das spätbarocke Ettenheim ins Rheintal, um sich im Glottertal wieder dem Wald zu nähern.

*Badische Weinstraße

Direkt hinter dem Fremersberg beginnt die Badische Weinstraße, deren Winzerorte **Varnhalt, Umweg, Stein-**

Berühmt und köstlich sind die Bühler Frühzwetschgen

bach und **Neuweier** das Privileg genießen, ihren köstlichen Klingelberger in Bocksbeutelflaschen abzufüllen.

Im **Gut Nägelsförst** in Varnhalt können einige besonders gute Tropfen probiert werden (Tel. 0 72 21/ 3 55 50, www.naegelsfoerst.de).

Es sollte jedoch noch Kraft gespart werden für einen Aufstieg zur Ruine **Yburg** ⑳ (515 m). Die 1689 zerstörte Ritterburg hält einen herrlichen Blick auf das Weinland und bis ins Elsass hinüber bereit.

Den Abstieg legt man klugerweise über Neuweier, um in den stilvollen Mauern des ehemaligen **Wasserschlosses** fein zu speisen. Hier wird französische Kochkunst mit traditionellen badischen Spezialitäten wie Rehrücken Baden-Baden mit handgeschabten Spätzle kombiniert (Restaurant im Schloss Neuweier, Mauerbergstr. 21, Tel. 0 72 23/96 14 99; ○○–○○○)

Dem Wein verschrieben haben sich auch **Eisental**, **Affental** und **Altsch-**

weier am Eingang zum Bühler Tal, von wo aus man weiterfahren kann auf die Schwarzwaldhochstraße. Der lokale Spätburgunder Rotwein kann nach entsprechendem Genuss durchaus den Gedanken aufkommen lassen, die Bezeichnung »Affentaler« stünde in enger Beziehung zum Weinkonsum. Eine Geschichtsversion behauptet, dass sich der Name vom ersten Grundherrn »Affo« ableitet. Dennoch zieren die Winzer traditionell ihre Flaschen mit einem Affen.

Etwas aus der Weinreihe tanzt das Städtchen **Bühl** ㉑, denn hier werden nicht nur Trauben, sondern auch die knackigen Bühler Frühzwetschgen geerntet, eine Kreuzung heimischer Früchte mit der französischen Eierpflaume.

Badens Ruf als kulinarisches Paradies untermauern die feinen, geldbeutelstrapazierenden Bühler Restaurants **Die Grüne Bettlad**

6

Karte Seite 74

Ortenauer Weinpfad

Parallel zur Badischen Weinstraße führt der 62,5 km lange **Ortenauer Weinpfad** in etwa fünf Tagesetappen von Baden-Baden über Offenburg bis nach Diersburg (Information bei allen Tourismusbüros der Region).

Fachwerkhaus in Sasbachwalden

(Blumenstr. 4, Tel. 0 72 23/9 31 30, www.gruenebettlad.de; ○○○) und **Gude Stub** (Dreherstr. 9, Tel. 0 72 23/84 80; ○○○).

In **Kappelwindeck** ⑫ mit der barocken Pfarrkirche St. Maria lohnt sich ein Aufstieg zur Ruine Altwindeck, wo alle 2 Jahre ein historisches Burgfest mit Ritterspielen stattfindet (nächster Termin 2006). **Sasbach** bietet ein Kuriosum. Wo 1675 der französische Marschall Turenne in einer Schlacht von einer Kanonenkugel getötet wurde, kaufte dessen Bewunderer Kardinal de Rohan 1803 dem Ort ein Stückchen Land ab. Noch heute stehen auf diesem Stückchen Frankreich ein Denkmal in Form eines Obelisken und ein kleines Museum. Berühmt ist Sasbach nicht nur für Kurioses, sondern auch für seinen im klassischen Flaschengärverfahren aus den Rebsorten Riesling, Spätburgunder und Pinot hergestellten Sekt (Winzergenossenschaft Alde Gott, Talstr. 2, www.aldegott.de, Tel. 0 78 41/2 02 90).

Sasbachwalden ㉝

Der Luft- und Kneippkurort Sasbachwalden, von seinen Bewohnern kurz »Saschwalle« genannt, beeindruckt inmitten üppiger Rebberge durch seine geballte Fachwerkromantik am Westrand der Hornisgrinde (1164 m). Der liebevoll herausgeputzte Ort ist ein kleines Ferienparadies und ein wahrer Augenschmaus, nicht zuletzt wegen des reichen Blumenschmucks an den Häusern, der dem Ort sogar schon zwei Goldmedaillen bescherte.

Mit einigem Stolz kredenzt man den Spätburgunder »Alde Gott«, ein Spitzengewächs, das 60 % der Rebfläche einnimmt, sowie diverse hochprozentige Wässerchen.

Jeden Freitag kann ab 14.30 Uhr ein Blick in die **Teufelsküch-Brennerei** geworfen werden – natürlich nicht ohne die obligate Schnapsprobe (www.teufelskuech.de).

Zu den gesünderen Urlaubsaktivitäten gehört ein Ausflug durch die Felsenschlucht der **Gaishölle** mit ihren runden, übereinander getürmten Granitblöcken hinauf zum **Brigittenschloss** (760 m).

Kurverwaltung, Talstr. 51, 77887 Sasbachwalden, www.sasbachwalden.de, Tel. 0 78 41/10 35, Fax 2 36 82.

Bel Air Hotel Forsthof, Brandrüttel 26, www.bel-air-sasbachwalden.de, Tel. 64 40, Fax 64 42 69. Absolut ruhig gelegen, mit Schwimmbad, beliebter Tagungsort. ○○○
▪ **Ferienpark Gaishöll,** Gaishöllpark 7, www.badenpage.de/gaishoell-ferienpark, Tel. 60 80,

Fax 60 83 20. Appartements mit
Küche, Hallenbad und Abenteuer-
spielplatz; ideal für Familien. ○○

Knusperhäuschen,
Bachmatt 3, Tel. 16 64.
Café-Restaurant und Weinstube, ver-
spielte Atmosphäre mit Wirtsstube
und Garten. ○○

■ **Talmühle,** Talstr. 36, Tel. 62 82 90,
www.talmuehle.de. Feinschmeckerküche im Restaurant Fallert, regionale
Küche in den Badischen Stuben, bei-
des zum Hotel Talmühle gehörig. ○○

Kappelrodeck und Waldulm ④

Quer durch die Reben führt von Sasbachwalden eine romantische Strecke
in die Dörfchen Kappelrodeck und
Waldulm, deren Spitzenlagen »Wald-
ulmer Rote« und »Hex vom Dasen-
stein« zum Feinsten gehören, was
Weintrinker ihrem Gaumen antun können.
    Zu den edlen Tropfen der Gegend
gehören auch hier wieder die berühmten »Wässerchen«. 480 aktive Brenner
verarbeiten die hier wachsenden Obst-
sorten zu feingeistigen Getränken.

Gasthof Rebstock,
Waldulm, Kutzendorf 1, www.
rebstock-waldulm.de, Tel. 0 78 42/
94 80. Fachwerkhaus von 1750 mit
badischer Küche, eigenem Wein und
hausgebranntem Schnaps. ○

Zuckerbergschloss,
Kappelrodeck, Grüner Win-
kel 60, Tel. 0 78 42/34 34, im
Sommer tgl. 11–18.30 Uhr. Das Café
besitzt einen wunderschönen Park
mit einer Freiterrasse, auf der man
sich u. a. mit hausgemachten Kuchen
verwöhnen lassen kann. ○○–○

*Ottenhöfen ⑤

Bei Ottenhöfen (3500 Einw.) zieht sich
über knapp 15 km der **Mühlenweg**
durch das Achertal, in dem acht Ge-
treidemühlen und eine Hammerschmiede eifrig klappern.

Wer nicht den ganzen Weg
gehen möchte, biegt kurz vor
dem Ort nach Furschenbach ab und
geht ein Stück bergauf zur alten **Benz-
Mühle** (April–Okt. tgl. bis 18 Uhr), wo
kräftiges Holzofenbrot und selbst ge-
machter Kuchen aufgetischt werden.
Kinder haben ihren Spaß am lieben
Kleinvieh, das herumhoppelt und ga-
ckert.

Nostalgische Erinnerungen weckt eine
Fahrt mit der **Museumsbahn** aus der
Baureihe T 3, die an einigen Sonnta-
gen über Kappelrodeck nach Achern
und zurück dampft.
    Geübte und schwindelfreie Wande-
rer wagen sich an den Aufstieg zum
Karlsruher Grat, wobei Hobbyspazier-
gänger es besser bei einem halbstün-
digen Marsch zu den ***Gottschläg-
wasserfällen** mit dem Edelfrauen-
Grab belassen. Einer Sage zufolge war
dort die Burgherrin von Bosenstein
von ihrem Gemahl bei Wasser und
Brot eingemauert worden, weil sie
ihre sieben Kinder ertränken lassen
wollte.

Tourist-Information, Großmatt
15, 77883 Ottenhöfen,
www.ottenhoefen.de,
Tel. 0 78 42/8 04 44, Fax 8 04 45.

Hotel-Restaurant Pflug,
Allerheiligenstr. 1,
www.hotel-pflug.de, Tel. 9 94 20,
Fax 28 46. Zimmer, Appartements
und Ferienwohnungen; ideal für
Familien. ○○

Heuballen-Geister am Mummelsee

Seebach ⑥⑥

Der Luftkurort gilt als besonders familienfreundlich. In dem Mummelseedorf unterhalb der Hornisgrinde gibt es zahlreiche Programme wie Brotbacken, Nachtwanderungen oder Ponyreiten, so dass es dem Nachwuchs nicht langweilig wird. Zum Pflichtprogramm gehören ein Besuch am sagenumwobenen **Mummelsee** und natürlich ein Abstecher zum Naturschutzzentrum **Ruhestein** mit seiner erlebnisreichen Dauerausstellung.

★ Ein Hit bei Urlaubsgästen ist der »Lichtgang« zu **Vollmers Mühle** im Ortsteil Grimmerswald, bei dem nach althergebrachten Tätigkeiten wie Kienspanschneiden, Buttern oder Spinnen und einem ordentlichen Schluck Schnaps ein Laternenmarsch auf dem Programm steht.

Ebenfalls dem Brauchtum widmet sich das **Volkskunst- und Trachtenmuseum** mit Exponaten aus ganz Deutschland (März–Okt. Di, Mi, So 14–17 Uhr). Dem Tageslicht für eine Weile entfliehen können Gäste im mittelalterlichen Besucherbergwerk **Silbergründle** (Anmeldung zu Führungen: Tel. 94 83 20, Info bei der Tourist-Information).

ℹ️ **Tourist-Information,** Ruhesteinstr. 21, 77889 Seebach, www.seebach.de, Tel. 0 78 42/31 88, Fax 60 00 02.

Auch im Verfall eindrucksvoll:
Kloster Allerheiligen

🏠 **Ferienhof Fischer,** Busterbach 13, www.ferienhof-fischer.de, Tel./Fax 0 78 42/27 51, Appartements bis zu 8 Personen. Kinderfreundlich, Übernachtung im Heu möglich. ◐◐◯
▮ **Ferienhof Pension Bohnert,** Bohnertshöfe 6, www.pensionbohnert.de, Tel. 31 61, Fax 9 85 69. Kinderfreundlicher Bauernhof mit Zimmern und Ferienwohnungen, Ponys und Tischtennis. ◯
▮ **Pension Schneider,** Schützenhausstr. 4, www.schwarzwald-pension-schneider.de, Tel. 28 53, Fax 28 50. Mit Hallenbad, familiengeeignet. ◯

*Allerheiligen ⑦

Die mittelalterliche Ruine des ehemaligen Prämonstratenserklosters oberhalb des Lierbachtals wird jährlich von rund 250 000 Besuchern angesteuert. Die greise Uta von Schauenburg, angeheiratete Tante von Heinrich dem Löwen und Friedrich Barbarossa, gründete Ende des 12. Jhs. die gotische Anlage für Stiftsherren aus Sindelfingen. 1804 zerstörte ein Blitzschlag die Klosteranlage, von der heute noch Teile von Prälatur, Bibliothek und Klosterkirche vorhanden sind.

⭐ Von der Ruine aus kann man die ***Büttensteiner Wasserfälle** erreichen, deren Wasser in Stufen 83 m tief hinabstürzt.

Das Harmersbachtal

Durch das enge und dichtbewaldete Lierbachtal erreicht die Route den Luftkurort **Oppenau,** von wo aus der Kurort **Bad Peterstal-Griesbach** ⑱ mit seinen heilkräftigen und vielleicht auch lebensverlängernden Quellen erreicht werden kann. Schon 1643 behauptete Merian, dass die Leute hier bis zu 110 Jahre alt werden könnten.

Weiter geht es südwestlich über die **Passhöhe Löcherwasen** und dann steil bergab in das schöne **Harmersbachtal.** Eine verführerische Ansammlung von Bauernwirtschaften zwischen Oberharmersbach und Nordrach sorgt dafür, dass müde Wanderer wieder zu Kräften kommen. Wer nicht weiß, was ein Verrisserli ist, kann sich von jedem Wirt aufklären lassen: Es handelt sich um Kirschwasser oder den Rossler, auch Borbel genannt, aus Topinambur (Rosskartoffel). Der Freigeist der Harmersbacher Bauern scheint im Besitzer des **Bergbauernhofs** (100 m hinter Oberharmersbach rechts abbiegen) fortzuleben, der lange gegen die Obrigkeit kämpfte, bis er die Wandergäste nicht nur im Haus, sondern auch draußen bewirten durfte.

Ein anstrengender Wanderweg führt von ***Oberharmersbach** ⑲ zum Aussichtspunkt **Brandenkopf** (932 m), der jedoch auch mit dem Auto erreicht werden kann. Einen besonders guten Bibbeleskäs sowie Most serviert die Bäuerin der **Vesperstube Durben** (○) auf dem Weg dorthin.

⭐ Ein romantisches Plätzchen und ein hochinteressantes Schaufenster in alte Zeiten ist das **Heimatmuseum Fürstenberger Hof** in Unterharmersbach, dessen Vorgängerbau 1991 abbrannte (Mai–Sept. Do 15–17, So 14–17 Uhr).

*Zell am Harmersbach ⑳

Der Ort war bereits im Mittelalter bekannt für seine Steingut- und Fayence-Herstellung; heutzutage lieben besonders Kinder das bekannte »Hahn und Henne«-Geschirr. Die Stadt hat zwar durch eine Reihe von Bränden viel von ihrer alten Substanz verloren, aber einige Türme bewahren können, wie z. B. den Hirschturm, einen Rundturm der alten Stadtbefestigung von ca. 1330, und den Storchenturm von 1139, in dem heute ein **Heimatmuseum** (Di–So 14–17 Uhr) untergebracht ist.

Daneben steht die **Alte Kanzlei** (Verkehrsbüro) mit täuschend echt aussehenden, aber gemalten Fenstern. Das **Rathaus** von 1895 hat ein besonders schönes Dach aus glasierten und in Mustern angeordneten Ziegeln.

⭐ Innerhalb von Zell biegt ein Sträßchen nach **Nordrach** ab, das Kinder, aber auch viele Erwachsene gerne besuchen, denn in dem Luftkurort gibt es ein Puppenmuseum (Juli/Aug. tgl. 14–17, sonst Fr–Mo und Fei 14–17 Uhr).

ℹ️ **Verkehrsamt,** Alte Kanzlei, 77736 Zell a. H., www.zell.de, Tel. 0 78 35/63 69 47, Fax 63 69 50.

6

Karte Seite 74

Der Storchenturm in Lahr

Hotel Klosterbräustuben, Blumenstr. 19, Tel. 0 78 35/78 40, www.klosterbraeustuben.de. Komfortables Hotel mit Sauna, Solarium und Hallenbad. ○○

Das Schuttertal

Auf dem Weg nach Lahr liegt östlich der Passhöhe der historische Gasthof ***Zum Löwen** (Tel. 0 78 23/96 16 26) aus dem Jahre 1370. Er liegt im Wettstreit mit dem Freiburger Bären, welches das älteste Gasthaus Deutschlands ist. Schon von weitem erblickt man die Ruine der **Burg Hohengeroldseck,** die einen schönen Blick auf das Tal bietet.

Bevor die Route ins Schuttertal abbiegt, lohnt sich ein kurzer Besuch in **Lahr ⓫**, das seine Entstehung den Geroldsecker Herren verdankt. Von deren einstiger Wasserburg ist noch der *Storchenturm aus dem 13. Jh. erhalten. Sehenswert sind auch das 1808 im Weinbrennerstil erbaute Neue Rathaus, die Fußgängerzone der Marktstraße mit ihren Bürgerhäusern sowie der Spätrenaissance-Bau des Alten Rathauses. Auf dem Rückweg zum Schuttertal lohnt sich ein Halt in **Burgheim,** dessen Kirche zu den ältesten Süddeutschlands gehört und bereits 1035 geweiht wurde.

In dem Familienferienort **Seelbach ⓬** führt die Abzweigung ins Litschental zur ***Geroldsecker Hammerschmiede** aus dem 13. Jh. (Mi 14–17, So 11–12 und 14–17 Uhr). Wie im Mittelalter werden mit den wassergetriebenen mächtigen Hämmern Schwerter und Lanzen hergestellt.

Das **Schuttertal** selbst ist vor allem bekannt für seine Mühlen, von denen

*Fachwerkarchitektur
in Zell am Harmersbach*

auf dieser Tour die Mühlen in Seelbach, Michelbronn (Abzweigung in Wittelbach) und im Seitental Dörlinbach zu sehen sind. Kurvenreich geht es hinab nach Ettenheimmünster mit der Wallfahrtskirche St. Landelin, Überbleibsel des einstigen Benediktinerklosters, das 1865 zerstört wurde.

*Ettenheim ⓭

Die 5 km weiter westlich situierte Stadt (11 500 Einw.) liegt schon fast in der Rheinebene. Die Barockstadt mit ihren kleinen Gässchen und Fachwerkhäusern steht unter Denkmalschutz.

ℹ️ **Tourist-Info,** 77955 Ettenheim, www.ettenheim.de, Tel. 0 78 22/4 32 10, Fax 4 32 51.

⭐ Einblick in die ursprüngliche Rheinlandschaft bietet eine Kahnfahrt durch die Altrheinarme des **Naturschutzgebietes Taubergießen** bei Kappel-Grafenhausen. Die ur-

6

**Karte
Seite
74**

wüchsige Wildnis mit Lianen, Silber-
weiden und undurchdringlichem
Schilfdickicht ist letztes Refugium für
seltene Orchideenarten, Eis- und
Brachvögel, Frösche, Kormorane – und
Myriaden von Schnaken, die über Besucher ohne Insektenschutzmittel
herfallen. Kahnfahrten durch dieses
Naturrevier ermöglichen verschiedene
Anbieter (über die Tourist-Info Ettenheim). Ein dichtes Netz von Rad- und
Wanderwegen bietet den Besuchern
zudem die Gelegenheit, die abwechslungsreiche Landschaft zu erkunden.

*Europa-Park Rust ⓪

Kinder werden es kaum erwarten
können, endlich zum 0,6 km² großen
Europa-Park Rust (s. auch S. 7) zu
kommen. Der Erlebnispark bietet mit
seinen europäischen Themenberei-
chen einen ganzen Tag Vergnügen:
Achterbahn Euro-Mir, Wildwasser-
bahn, Fjord-Rafting, Dunkelachter-
bahn und zahlreiche Shows.

Europa-Park, 77977 Rust,
www.europapark.de,
Tel. 0 18 05/77 66 88.

Die dem Europapark ange-
schlossenen Themenhotels
El Andaluz, Castillo Alcazar und **Co-
losseo** (Tel. 0 18 05/86 86 20; ○○○)
sind ideal für Familien: Familienzim-
mer, Kinderbecken und -disko, Früh-
stück mit der Euromaus u. a. mehr.

Kenzingen ⑤

Wer auf die B 3 zurückkehrt, fährt auf
der Badischen Weinstraße über Herbolzheim mit der Wallfahrtskirche
Maria Sand nach Kenzingen, das nicht
nur Narren mit der ***Oberrheinischen**

Narrenschau beeindruckt. Die Besucher erfahren Einzelheiten über die
verschiedenen »Häs« (Kostüme) und
Larven der Narrenzünfte und viel Wis-
senswertes über das uralte Brauchtum der alemannischen Fasnet (Mai
bis Okt. Di, Do, Sa, So 14–17, sonst So
14–17 Uhr).

Emmendingen ⑥

Einer der prominentesten Besucher
von Emmendingen war Geheimrat
Goethe, der hier 1775 seine Schwester
Cornelia besuchte, die später auf dem
alten Friedhof ihre letzte Ruhe fand.
Die Straße in die geschäftige Kreisstadt führt durch das aus dem 17. Jh.
stammenden Stadttor zum **Alten Rathaus** von 1729 am Marktplatz, in dem
seit 1997 das **Deutsche Tagebuchar-
chiv** untergebracht ist. Seine Sammlung von Briefen, Memoiren und Tage-
büchern ist einzigartig (Mo–Fr 10–12,
Di/Mi 15–17 Uhr). Von hier gelangt
man zum **Markgrafenschloss** mit
schönem Treppenturm (Stadt- und Fo-
tomuseum; Mi und So 14–17 Uhr). Die
Geschichte der jüdischen Gemeinde in
Emmendingen wird im **Jüdischen Museum,** Schlossplatz 7, dokumentiert
(Mi und So 14–17 Uhr).

Zum Einkaufsbummel lädt die
Lammstraße mit ihren Fachwerkhäuschen ein.

Tourist-Information, Bahnhofstr. 5, 79312 Emmendingen,
www.emmendingen.de,
Tel. 0 76 41/1 94 33, Fax 93 52 35.

Waldschänke, Schlegelhof 6,
OT Windenreute, www.
landgasthaus-waldschaenke.de,
Tel. 5 10 00, Fax 93 10 51. Gastliches
Haus im Grünen. ○○

6
Karte
Seite
74

Bäder, Schlösser, alte Klöster

**Rastatt → *Gernsbach →
Bad Herrenalb → Bad Wildbad →
*Freudenstadt → **Schwarzwaldhochstraße → Baden-Baden
(ca. 300 km)**

Eilige Reisende auf der A 5 ahnen kaum, was sie verpassen, wenn sie an der Gegend um Rastatt vorbeifahren. Der Industriestandort macht nicht nur durch rauchende Schlote auf sich aufmerksam, sondern auch durch märchenhafte Schlösser. Das Flüsschen Murg, das unweit in den Rhein mündet, stellt gewissermaßen die Verbindung zwischen der Schwarzwald-Tälerstraße und der Bäderstraße her. An der Kreuzung dieser beiden Verkehrswege war das mittelalterliche Städtchen Gernsbach mit lauschigen Ecken und alten Fassaden einst ein bedeutender Flößerort. Von hier aus führt die Route in den nördlichen Schwarzwald, wo eine Anzahl von Heilbädern und Luftkurorten Ruhe suchenden Gästen die Auswahl schwer machen. Die Bade- und Erholungsorte liegen eingebettet in reizvolle Tallandschaften, waldige Höhen und weite Hochmoore. Verschwiegene Klosteranlagen und die Reste verfallener Burgen erzählen von der Geschichte der Region. Zum Rasen viel zu schade ist die bekannteste Strecke: die 55 km lange Schwarzwaldhochstraße von Freudenstadt nach Baden-Baden. Sie gehört zum unverzichtbaren Programm einer Schwarzwaldrundfahrt.

Das Residenzschloss Rastatt

Rastatt ⑰

Nach der Zerstörung seines Schlosses in Baden-Baden durch den Pfälzischen Erbfolgekrieg ließ der Markgraf Ludwig Wilhelm eine barocke Stadtanlage und eine neue Residenz in Rastatt (47 000 Einw.; 122 m) errichten. 1697 begann der italienische Baumeister Domenico Egidio Rossi für das Patenkind des Sonnenkönigs Louis XIV. und seine Frau Sibylla Augusta mit der Nachahmung des Schlosses von Versailles. Das hufeisenförmige und kühl wirkende ***Schloss** mit seinem großen Ehrenhof wird durch zahlreiche Sandsteinskulpturen aufgelockert (April–Okt. Di–So 10–17, sonst bis 16 Uhr). Strahlenförmig ziehen sich die Straßen vom Residenzschloss hinunter zum platanenbestandenen Marktplatz mit der Stadtkirche **St. Alexander.**

Deutsche Militärgeschichte zeigt das **Wehrgeschichtliche Museum,** während das **Freiheitsmuseum** an die niedergeschlagene Revolution der von Rastatt ausgegangenen Volksbewegung von 1848 erinnert (Di–So 9.30 bis 17 Uhr).

7

Karte
Seite
96

Zu den Anlagen, die Sibylla Augusta bauen ließ, gehört die achteckige **Pagodenburg,** in der Kunstausstellungen stattfinden.

ℹ️ **Stadtinformation,** Herrenstr. 18, 76437 Rastatt, www.rastatt.de, Tel. 0 72 22/97 24 62, Fax 97 21 18.

🏠 **Ringhotel Schwert,** Herrenstr. 3a, www.hotel-schwert.de, Tel. 76 80, Fax 76 81 20. Ein echtes First-Class-Hotel. ○○○
▌**Hotel am Schloss,** Schlossstr. 15, www.hotelamschloss-rastatt.de, Tel. 9 71 70, Fax 97 17 71. Kleines Hotel, funktional eingerichtete Zimmer. ○○

🍴 **Paparazzi,** Lochfeldstr. 30, Tel. 9 53 40. Schickes Restaurant, Pasta und Pizza, Fisch und Steaks vom Lavagrill, aufmerksamer Service. ○○–○○○

⭐ »Bühne frei« heißt es 3 km nördlich von Rastatt in Deutschlands größtem **Freilichttheater** (Tel. 0 72 22/96 87 90): Fast 4000 Zuschauer finden sich an den Sommerwochenenden (Juni–Aug.) zu Volksschauspielen in Ötigheim ein.

Schloss Favorite

eine sittenstrenge Dame geworden: Die fromme Frau geißelte sich in einer eigens eingerichteten Bußkammer der **Magdalenenkapelle** und saß mit der für sie aus Holz und Wachs geformten Heiligen Familie zu Tisch. Ein krasser Gegensatz dazu und unbedingt sehenswert ist die üppige Originalausstattung im Inneren des Schlosses. Prunkvolle Räume wie das über und über mit goldverzierten Spiegeln ausgestattete Spiegelkabinett, reiche Deckenfresken, eine prächtige Porzellansammlung aus aller Herren Länder und die Schlossküche sind ein Augenschmaus (Mitte März–Sept. Di–So 9–17, sonst 9–16 Uhr, stündlich Führungen).

⭐ ****Schloss Favorite ㉘**

7
Karte
Seite
96

1710, drei Jahre nach dem Tod ihres Gatten, ließ sich Markgräfin Sibylla das Schloss als eine ländliche Zuflucht in Förch (5 km) erbauen. Ihr böhmischer Lieblingsarchitekt Rohrer gestaltete die Sommerresidenz in vielen Kleinigkeiten so, dass die adlige Dame an ihre Heimat Böhmen erinnert wurde. Die symmetrisch angelegten Kavaliersgebäude und der englische Park lassen alles Spielerische vermissen, was einem »Lustschloss« gerecht werden könnte. In der Tat war Sibylla

***Gernsbach ㉙**

Fast zusammengewachsen ist das industriell geprägte Gaggenau mit dem hübschen mittelalterlichen Städtchen Gernsbach (14 500 Einw.; 180–988 m) am Eingang zum romantischen Murgtal. Schon 1250 wurde der einstige Flößerort an der Murg zur Stadt ernannt. An dem kleinen steilen Sträßchen zum Marktplatz imponiert vor allem der rote Sandsteinbau des **Alten Rathauses** im Spätrenaissance-

Eine mittelalterliche Perle: Gernsbach im Murgtal, heute Luftkurort

stil. Der Murgschiffer Jakob Kast hatte es zu großem Reichtum gebracht und sich das Gebäude um 1617 errichten lassen, wohnte jedoch nie darin. Lange stand das Gebäude leer, bis es als Rathaus genutzt wurde. Auf holprigem Kopfsteinpflaster gelangt man über die Thurmgasse am alten Zehntkeller und ehemaligen Wehrgängen vorbei zur Liebfrauenkirche, von deren Kirchplatz man die Aussicht über das Murgtal mit seinen typischen Tiroler Heustadlwiesen genießt.

Ein schöner Ausflug führt ins **Hochmoorgebiet Kaltenbronn** (900 m), dem ersten Naturschutzgebiet Baden-Württembergs.

Verkehrsamt, Igelbachstr. 11, 76593 Gernsbach, www.gernsbach.de, Tel. 0 72 24/6 44 44, Fax 6 44 77.

Bahnverbindung: Murgtalbahn Karlsruhe – Rastatt – Freudenstadt.

Sonnenhof, Loffenauerstr. 33, www.hotel-sonnenhof.net, Tel. 64 80, Fax 6 48 60. Großes, mo-

dernes Hotel mit Hallenbad und Blick auf die Stadt. ○○

Brüderlin, Hauptstr. 3, Tel. 22 92. Einfache Gaststätte, ordentliche Küche. ○

Eine Waldstraße, von der aus sich immer wieder der Blick ins Tal öffnet, führt in Richtung Baden-Baden und biegt bald zum ***Schloss Eberstein*** ⑩ (5 km) ab, das einst in markgräflichem Besitz war und nach einer Totalsanierung seit Mai 2005 das **Hotel-Restaurant Schloss Eberstein** unter der Leitung des Spitzenkochs Bernd Werner (Tel. 0 72 24/9 95 95 00) beherbergt. Die Burganlage geht in ihrer Grundsubstanz auf das 13. Jh. zurück und wurde im Laufe der Jahrhunderte immer wieder umgebaut und erweitert. In das wildromantische ***Murgtal*** führt eine kleine Tour auf der Schwarzwald-Tälerstraße (18 km). Entlang der Murg wechseln sich idyllische Orte mit Papierfabriken und kleinen Heuhütten in den Wiesen ab.

Forbach ⑪

1778 entstand die berühmte gedeckte **Holzbrücke** von Forbach (5500 Einw.; 330–1000 m) mit einer Spannweite von 40 m, die nach ihrer Zerstörung 1954 rekonstruiert wurde. 6 km südlich des beliebten Ferienorts biegt bei Raumünzach eine Straße zum **Schwarzenbach-Stausee** (4 km) ab, der zum Bootfahren einlädt.

Tourist-Information, Landstr. 27, www.forbach.de, Tel. 0 72 28/3 90, Fax 39 80.

Schwarzenbach Hotel, am Schwarzenbach-Stausee, www.schwarzenbach-hotel.de,

7
Karte
Seite
96

Die gedeckte Murgtalbrücke bei Forbach

Tel. 0 72 28/91 90. Schön gelegenes Ferienhotel mit Schwimmbad und Liegewiese. ○

Bad Herrenalb ⑫

Zurück auf der Hauptstraße erreicht man bald Bad Herrenalb (7300 Einw.; 400 m), das sich seit gut 150 Jahren als Heilbad größter Beliebtheit erfreut. Der Kurort liegt im Mittelpunkt von sieben Tälern und gehört zu den bekanntesten Bädern des Schwarzwaldes.

Viele Wanderwege, Kur- und Freizeiteinrichtungen, ein Gästebetreuungsprogramm sowie eine Skiliftanlage sorgen ganzjährig für lebhaften Kurbetrieb. Ein beliebtes Wanderziel in 8 km Entfernung ist die Teufelsmühle in 900 m Höhe. Hier hat man einen fantastischen Blick in die Rheinebene. Für Moutainbiker ist die Bergstrecke übrigens eine echte Herausforderung!

Neu ist die **Siebentäler Therme,** die mit dem Klangbad (s. S. 9) und dem Prießnitz-Spa ein völlig neues Bade- und Entspannungserlebnis verspricht (Schweizer Wiese 9, www.siebentaelertherme.de).

Bei der Ruine des ehemaligen **Zisterzienserklosters** ist an der Vorhalle der einstigen Klosterkirche ein ungewöhnliches Naturdenkmal zu bewundern: An dem »Paradies« genannten Ostportal klammert sich seit ca. 1825 eine Kiefer mit der geballten Kraft ihrer Wurzeln hoch oben in den Mauerresten fest.

ℹ **Tourismusbüro,** Bahnhofsplatz 1, 76332 Bad Herrenalb, www.badherrenalb.de, Tel. 0 70 83/50 05 55, Fax 50 05 44.

Bahnverbindung: Albtalbahn ab Karlsruhe.

⌂ **Höfers Hotel Harzer,** Kurpromenade 1, www.hotel-harzer.de, Tel. 9 25 60. Gegenüber vom Kurhaus gelegenes 3-Sterne-Haus mit eigener Massage- und Bäderabteilung.

⍩ **Lamm,** Ortsteil Rotensol, Mönchstr. 31, Tel. 9 24 40. Feine badische Küche zu angenehmen Preisen; besonders gute Desserts. Zum Haus gehört ein elegantes Hotel mit vier Juniorsuiten und einer wunderbaren Grand Suite. ○○○–○○
❚ **Schwarzwaldgasthof Linde,** Gaistal, Tel. 9 22 30. Gemütliches Restaurant mit bodenständiger Küche. ○

Bad Wildbad ⑬

Der nächste Kurort, Bad Wildbad (12 000 Einw.; 430 m), ist seit dem Mittelalter für seine Thermalquellen bekannt. Im engen Enztal gruppieren sich um den Kurplatz zwei sehr unterschiedliche Kurgebäude: Zunächst das zwischen 1840 und 1847 entstandene *Graf-Eberhards-Bad,* das heute als *Palais Thermal genutzt wird. Malerische Badelandschaften mit Mosaiken und Skulpturen, Jugendstilfenstern, Saunen, Whirlpools, Fürstenbädern und Maurischer Halle sind eine Attraktion, die man nicht auslassen sollte. Das **König-Karls-Bad** (1882) ist das Haus des Gastes, in dem Konzerte und Theater-Gastspiele stattfinden. Im Thermalbad gibt es ein Gesundheitszentrum mit Wellness-Behandlungen (s. S. 9).

Wanderfreunde können sich den Anstieg auf den 731 m hohen **Sommerberg** ersparen, indem sie mit der Standseilbahn hinauffahren und erst dort oben ihre Touren in der Umgebung beginnen. Und Radsportler schätzen den **Bikepark** auf dem Sommerberg ebenso wie den 115 km langen **Enztal-Radweg.**

Für Freunde der klassischen Musik ist Wildbad besonders im Juni und Juli interessant, wenn das »Rossini-Team« Werke des Meisters aufführt.

Touristik Wildbad, König-Karl-Str. 7, 75323 Bad Wildbad, www.bad-wildbad-tourismus.de, Tel. 0 70 81/1 02 80, Fax 1 02 90.

Bahnverbindung: Fernverkehr bis Pforzheim, dann Stadtbahn.

Valsana am Kurpark, Kernerstr. 182, www.valsana.de, Tel. 15 10, Fax 1 51 99. Silence-Hotel mit vielen Annehmlichkeiten wie Massageabteilung und Hallenbad. ○○○
▌ **Hotel Bären,** Am Kurplatz 4–6, www.hotelbaeren badwildbad.de, Tel. 30 1-0, Fax -1 66. Renoviertes Traditionshaus, exquisite Küche. ○○○
▌ **Landgasthof Anker,** im Ortsteil Kälbermühle, Kälbermühlenweg 57, Tel. 73 53, Fax 10 43, www.kaelber muehle.de. Kleines Haus mit einfachen Zimmern, nettes Gartenlokal. ○

Nach Enzklösterle

Die Schwarzwald-Bäderstraße führt entlang der Großen Enz nach Sprollenhaus, von wo aus man auf Schusters Rappen dem Hochmoor und Naturschutzgebiet am ***Wildsee** und **Hornsee** einen Besuch abstatten kann (10 km).

Enzklösterle ㉞

Im Großen Enztal liegt der Luftkurort Enzklösterle (1300 Einw.; 600–900 m), der rund 200 km Rad- und Wanderwege, ein Krippenmuseum und in Ortsmitte einen **Adventure-Golfpark** – eine familienfreundliche Minigolfanlage – zu bieten hat.

Kurverwaltung, Friedenstr. 16, 75337 Enzklösterle, www.enzkloesterle.de, Tel. 0 70 85/75 16, Fax 13 98.

Wiesengrund im Park, Ortsmitte, www.hotelwiesengrund.de, Tel. 9 23 20, Fax 92 32 43. Ruhig gelegenes, modernes Haus mit Zimmern und Appartements sowie gutbürgerlicher Küche. ○○–○

Café Rosi, Eschentalweg 40, Tel. 78 71. Rustikale Dorfstube und zünftige Volksmusik. Kleine Pension angeschlossen. ○○

7

Karte
Seite
96

*Baiersbronn ㉟

Die weit verzweigte und waldreiche Großgemeinde (16 000 Einw.; 500 bis 1150 m) mit neun Teilorten hat sich von einem ehemaligen Flößerdorf zum wahren Ferienparadies entwickelt. Wanderer, Angler, Skater, Skisportler und vor allem auch Familien finden hier das ganze Jahr über ideale Ferienbedingungen vor. Für die Kids gibt es jede Menge Angebote, und der Ort ist zu Recht mehrfach als familienfreundlich ausgezeichnet worden. Auch Erwachsene finden Spaß am **Wilhelm Hauff Märchenmuseum** (Tel. 8 41 40, Mi, Sa, So 14–17 Uhr). Ein Skatepark und Nordic-Walking-Strecken lassen Sportlerherzen höher schlagen.

Ganz besondere Anziehungskraft hat der Ort aber durch seine hervorragende Gastronomie. Gleich drei Spitzenköche haben sich in den Sternenhimmel der Restaurantkritiker gekocht. Harald Wohlfarth (Traube) hat stolze drei Michelin-Sterne, Claus-Peter Lumpp (Bareiss) zwei und Jörg Sackmann (Hotel Sackmann) einen eingeheimst.

ℹ️ **Baiersbronn-Touristik,** Rosenplatz 3, 72270 Baiersbronn, www.baiersbronn.de, Tel. 0 74 42/ 8 41 40, Fax 84 14 48.

🏠 **Traube,** Ortsteil Tonbach, Tonbachstr. 237, www.traube-tonbach.de, Tel. 49 20, Fax 49 26 92. Ein hervorragendes Hotel im Landhausstil, mit Saunaparadies, Kinderprogramm. ○○○
▮ **Bareiss,** Gärtenbühlweg 14, www.hotel-bareiss.de, Tel. 4 70, Fax 4 73 20. Ferienhotel der Luxusklasse mit Badelandschaft, Shoppingpassage u. v. m. ○○○–○○
▮ **Lamm,** Ellbachstr. 4, www.lamm-mitteltal.de, Tel. 49 80, Fax 4 98 78. Komfortables Haus mit Hallenbad. Im Winter abendlicher Kaminplausch. ○○

🍴 **Traube,** s. o. Drei Spitzenrestaurants: die elegante Schwarzwaldstube (französisch inspirierte Feinschmeckerküche), die Köhlerstube (regionale Spezialitäten) und die gemütliche Bauernstube (deftige Kost). ○○○–○○
▮ **Bareiss,** s. links. Ebenfalls drei Top-Restaurants: Geradezu fürstlich eingerichtet ist der klassische Gastraum, und diesem Niveau entsprechen die Speisen. Gediegen das Kaminzimmer mit elsässisch-mediterranen Gerichten, wunderschön die rustikalen Dorfstuben, in denen z. B. Speckpfannkuchen serviert werden. ○○○–○○
▮ **Hotel Sackmann,** Schwarzenberg, www.hotel-sackmann.de, Tel. 28 90. Der »Dritte im Bunde« der Gourmet-Restaurants. ○○○

 Die **Wellness- und Schönheitsfarm Schliffkopfhotel** an der Schwarzwaldhochstraße sorgt für Entspannung und Wohlgefühl. 72270 Schliffkopf-Baiersbronn, www.schliffkopf.de, Tel. 0 74 49/92 00, Fax 92 01 99.

*Freudenstadt ⑧⑥

Der Ort (23 000 Einw.; 740–1000 m) ist ein viel frequentiertes Urlaubs-, Kur- und Sportzentrum sowie Verkehrsknotenpunkt im Nordschwarzwald. 1599 von Herzog Friedrich I. von Württemberg gegründet, entstand Freudenstadt nach einem Brand 1632 neu als erste deutsche Idealstadt.

Baumeister Heinrich Schickhardt entwarf die mühlebrettartig verlaufenden Straßen, die von dem 219 x 216 m großen ***Marktplatz** ausgehen, dem größten in Deutschland. Faszinierend anzusehen sind hier die Wasserfontänen. Unter den durch den Zweiten Weltkrieg zerstörten und danach wiederaufgebauten Arkadengängen des Marktplatzes haben sich Geschäfte und Cafés eingerichtet, die zum Bummeln einladen.

Ein Badespaß für Jung und Alt ist das **Panorama-Bad** mit Riesenrutsche, Saunen und Whirlpools im Norden der Stadt (Mo–Fr 9–22, Sa/So 9–20 Uhr).

Tourist-Info, Am Marktplatz 64, 72250 Freudenstadt, www.freudenstadt.de, Tel. 0 74 41/86 40, Fax 8 51 76.

Bahnverbindung: Stündliche Verbindungen ab Karlsruhe.

Schlosshotel Waldlust, Lauterbadstr. 92, Tel. 89 30, Fax 89 36 66, www.schlosshotel-waldlust.de. Ein traditionsreiches, exklusives Hotel, in dem schon gekrönte Häupter logierten. Fitness- und Wellness-Bereich. Verfügt über 50 Parkplätze. Abholservice vom Bahnhof. ○○○

▮ **Hohenried,** Zeppelinstr. 5, www.hotel-hohenried.de, Tel. 24 14, Fax 25 59. 4-Sterne-Hotel zwischen Wald und Wiesen mit umfangreichem Wellness-Programm, großem Hotelpark, duftendem Rosengarten, Kaminzimmer ... ○○○

▮ **Schwanen,** Forststr. 6, Tel. 9 15 50, Fax 91 55 44, www.hotel-schwanen.de. Freundlicher Familienbetrieb Nähe Marktplatz in verkehrsberuhigter Lage. Angenehme Zimmer, gute Küche. ○○

Weinstube Bären, Lange Straße 33, Tel. 27 29, www.hotel-baeren-freudenstadt.de. Schöne Gaststube mit exklusiver Küche, in der Fisch, Wild und Geflügel eine große Rolle spielen. ○○

▮ **Bärenschlößle,** Christophstal, Tel. 78 50. Idyllisch in altem Jagdschlösschen am Waldrand mit einem Wildgehege. Gute regionale Küche. ○○

Die Brunnensäule auf dem Marktplatz von Freudenstadt

Auf der Schwarzwaldhochstraße

Ein wahrer touristischer Renner ist die 1930 ausgebaute Panoramastrecke, die sich als Schwarzwaldhochstraße einen Namen gemacht hat. Die Ferienstraße beginnt in Freudenstadt und zieht sich über die Schwarzwaldhöhen bis nach Baden-Baden.

Jedes Jahr befahren zigtausend Touristen die 60 km lange Strecke – Motorrad- und Autofahrer auf der Pirsch nach atemberaubenden Ausblicken ins Rheintal. Im Winter geht es oft nur im Stop-and-go-Verkehr voran, wenn die Skisportler zu den Abfahrts- und Langlaufzentren anrücken.

7
Karte
Seite
96

Kniebis ㊇

Kurz nach Freudenstadt geht es zum **Kniebis** (971 m) mit dem gleichnamigen Ort hinauf und weiter zur 1734 gegen die Franzosen angelegten Alexanderschanze.

Wenige Kilometer sind es bis zum Naturschutzgebiet auf dem 1055 m hohen **Schliffkopf;** der Ruhestein (910 m, Naturschutzzentrum) lockt zu einem Ausflug in Richtung **Wildsee** und Darmstädter Hütte (3 km).

Von allen Seiten des **Hornisgrinde** (1164 m) aus bietet sich ein weiter Ausblick ins Tal, während die Hochmoore mit ihrem Heidegestrüpp zu Ausflügen einladen.

Der sagenumwobene **Mummelsee** bietet sich als Ziel heutzutage am ehesten an, wenn die Gipfel der umliegenden Berge in Wolken gehüllt sind und der Nordschwarzwald den Elfen gehört.

Wer einen der schönen Wanderwege absolviert hat, wird feststellen, dass die Schwarzwaldhochstraße sich nur dem richtig erschließt, der seinen Wagen auch einmal abstellt.

Kurverwaltung Kniebis,
Marktplatz 64, 72250 Freudenstadt-Kniebis, www.kniebis.de, Tel. 0 74 42/75 70, Fax 5 06 32.

Schlosshotel Bühlerhöhe,
Schwarzwaldhochstraße 1, www.buehlerhoehe.de, Tel. 0 72 26/ 5 50, Fax 5 57 77. Luxushotel mit 90 Zimmern und Suiten, Beauty & Spa Ressort, preisgekrönte Gourmetküche; inmitten eines 18 ha großen Parks. ○○○
■ **Klosterhof,** Alte Passstraße 49, www.klosterhof.biz, Tel. 0 74 42/ 49 01 0, Fax 70 40. Kurhotel mit Sport- und Familienangeboten. ○○

Zur Erholung nach ausgiebigem Wandern winkt ein Besuch im Friedrichsbad oder in einer der anderen schönen Thermen von Baden-Baden (s. S. 30 ff.), wo diese Tour endet.

Tour 8

Närrische Städte

Pforzheim → Bad Liebenzell → **Kloster Hirsau → *Calw → *Alpirsbach → *Wolfach → Triberg (ca. 160 km)

Die Schmuckstadt Pforzheim ist – nicht nur geographisch – eine Schwarzwälder Randerscheinung. Von hier aus geht es ins Nagoldtal, wo sich reizvolle Badeorte und schnuckelige Fachwerkstädtchen wie Perlen aneinander reihen. Seine Heimatstadt Calw fand Hermann Hesse denn auch schöner als jede andere Stadt der Welt. Die aufregendsten Wochen beginnen für die Bewohner dieser Region mit der »fünften Jahreszeit«, nämlich der Fasnet. Sowohl am Ufer der Nagold als auch im Kinzigtal haben um den Rosenmontag herum die Narren das Sagen. Nach dem Aschermittwoch kehrt in Ortschaften wie Schiltach und Wolfach die gewohnte Ruhe zurück.

Pforzheim ⑧⑧

Die Gold- und Schmuckstadt (120 000 Einw.; 235–608 m) wurde von Melanchthon »Porta Hercyniae«, Tor zum Schwarzwald, genannt. Und heute bildet sie den Ausgangspunkt von gleich drei große Fernwanderwegen: dem Westweg nach Basel, dem Mittelweg nach Waldshut und dem Ostweg nach Schaffhausen.

Die im Zweiten Weltkrieg zu 80 % zerstörte Stadt lockt vor allem Liebhaber edler Geschmeide in das **Schmuckmuseum Reuchlinhaus** in der Jahnstraße (Di–So 10–17 Uhr) mit kunstvollen Preziosen aus fünf Jahrtausenden.

Technisches Wissen über Schmuck- und Uhrenherstellung vermittelt das **Technische Museum der Pforzheimer Schmuck- und Uhrenindustrie** (Bleichstr. 81, Mi 9–12 und 15–18, 2. und 4. So im Monat 10–17 Uhr), in dem mehr als 700 voll funktionsfähige Maschinen ausgestellt sind. Sehr anschaulich werden die Besucher über die historische Entwicklung der Schmuck- und Uhrenproduktion informiert.

★ **Schmuckwelten Pforzheim** nennt sich eine Ausstellung im Industriehaus im Zentrum von Pforzheim, die im Bereich Uhren und Schmuck ein einmaliges Erlebnis vermittelt (Marktplatz 1, Tel. 0 72 31/ 1 45 45 60).

Nicht nur Kinder haben ihre Freude an einem Ausflug in die Tier- und Pflanzenwelt des südlich gelegenen **Wildparks** mit Wisenten, Lamas und Yaks und dem **Alpengarten** in Würm, in dem sich an die 100 000 Hochgebirgspflanzen heimisch fühlen. Ein Bonbon für Kunstliebhaber ist die südöstlich gelegene ***Pfarrkirche St. Maria Magdalena** in Tiefenbronn mit dem Magdalenenaltar von 1431 mit farbigen Malereien.

★ Ein sehr schöner Ausflug führt zu dem mittelalterlichen ****Kloster Maulbronn,** das 1993 zum UNESCO-Weltkulturerbe ernannt wurde (Führungen 11.15 und 15 Uhr; Tel. 0 70 43/92 66 10).

ℹ️ **Tourist-Information,** Marktplatz 1, 75175 Pforzheim, Tel. 0 72 31/1 45 45 60, Fax 1 45 45 70, www.pforzheim.de.

In Pforzheim fließen Nagold und Enz zusammen

Bahnverbindung: Stündliche IC-Verbindung Karlsruhe–Stuttgart.

🏠 **Hotel Royal,** Wilferdinger Straße 64, www.hotel-royal-pforzheim.de, Tel. 1 42 50, Fax 14 25 99. Gemütliches Hotel mit Kabelfernsehen und Minibar. ○○

▮ **Parkhotel,** Deimlingstr. 32-36, www.parkhotel-pforzheim.de, Tel. 16 10, Fax 16 16 90. Feines Haus mit komfortablen Zimmern, Sauna, Whirlpool und dem guten Restaurant »Gala«. ○○○

🍴 **Seehaus,** Tiefenbronner Str. 201, Tel. 65 11 85. Badisch-schwäbische Küche, großer Biergarten. ○○–○

Bad Liebenzell ⑳

Nicht mehr nur schlichte Kuren, sondern Antistress-, Fitness- oder Schönheitswochen bieten die Kurorte entlang der Schwarzwald-Bäderstraße an, seitdem die Gesundheitsreform manchen Kurdirektor zum Umdenken gezwungen hat.

Eine derartige Wandlung hat auch das Mineralbad Bad Liebenzell

8

Karte Seite 96

Puttersdorf — Karlsruhe
Rastatt **77**
Marxzell
Birkenfeld
Pforzheim **88**
Schwann
Huchenfeld
Neuenbürg
Kuppenhm.
Engelsbrand
78 Favorite
82
Gaggenau **7**
Bad Herrenalb
Dobel **7**
Loffenau
Eberstein **80**
Baden-Baden
79 Gernsbach
Bad Liebenzell **89**
Sinzheim
Bad Wildbad
Hirsau **90**
7 Weisenbach
784 ▲ Sommerberg **83**
Ober-reichenbach
Reichental
Hornsee
Calw **91**
988 Wildsee
St.-Candidus-Kp.
Hohloch
Sprollenhaus
Bad Teinach-Zavelstein **92**
Bühl
Forbach **81**
Schwarzenbach Stausee
Enzklösterle **84**
Neubulach
Bühlertal
Herrenwies
Gr. Enz
Neuweiler
1054
Sasbach-walden
Höher Ochsenk.
Simmersfeld
Wildberg
1164 ▲ Hornisgrinde
Rotfelden
« Mummelsee
Huzenbach
Besenfeld
Altensteig
Emmingen
Seebach
Leinkopf
Wildsee 992
Nagold
Ottenhöfen **7**
1055 ▲ Schliffkopf
Klosterreichenbach
Pfalzgrafen-weiler
Haiterbach
Hochdorf
Baiersbronn **85**
Lützenhardt
Horb **8**
Eutingen
Kniebis
Altheim
Oppenau **87** **7**
Dornstetten
Schopfloch
-Griesbach
86 Freudenstadt
Bad Peterstal-Rippoldsau
Loßburg
Unteriflingen
Empfingen
Stausee Kleine Kinzig
-Schapbach
Kinzig
8
Dornhan
Sülz
Gruol
Teisenkopf 764
93 Alpirsbach
Heiligen-zimmern
Wolfach **95**
Oberndorf
Hausach
94 Schiltach
Rosenfeld
Freilicht-museum Vogts-bauernhof
Gutach
Lauterbach
Seedorf
Epfendorf
Böhringen
Dottershsn.
Hornberg
Schramberg
Bösingen
Villingendorf
Schömberg
96
Tennenbronn
Dunningen
Weiler
Neckar
Irslingen
8
Flözlingen
TOUREN 7 UND 8
Schonach
Königsfd.
Rottweil
Triberg
St. Georgen
Singen
10 km

8

(9500 Einw.; 330–660 m) im Nagoldtal erfahren.

Wer seiner Gesundheit auf die Sprünge helfen will, kann ein paar Stunden in der **Paracelsus-Therme** verbringen. Oder man begibt sich auf eine Wanderung in die nordöstlich der Stadt liegende wildromantische Schlucht des ***Monbachtals**. Der steile Aufstieg zur Burg Liebenzell ist schon in einer knappen halben Stunde bewältigt.

 **Kurverwaltung,** 75378 Bad Liebenzell, www.bad-liebenzell.de, Tel. 0 70 52/40 80, Fax 40 82 03.

 **Schönheitsfarm,** Eichendorffstr. 19, www.beauty-wellness.de, Tel. 35 82, Fax 52 51.
Das Ambiente des Hotels und die schöne Landschaft lassen Sorgenfalten schnell verschwinden. ○○○
▌ **Am Bad-Wald,** Reuchlinweg 19, www.hotelambad-wald.de, Tel. 92 70, Fax 30 14. Am Thermalbad gelegenes Hotel garni mit Hallenbad, Sauna und Fitnessraum; alle Zimmer mit Balkon. ○○

 **Waldhotel Post,** Hölderlinstr. 1, www.waldhotelpost.de
Tel. 9 32 00. Hotelrestaurant mit guter, reeller Küche. ○○○

 ****Kloster Hirsau** ⑨

Als um 830 die sterblichen Überreste des heiligen Aurelius im Nagoldtal begraben wurden, entstand das Aureliuskloster, das als Kloster Hirsau mit dem Nachfolgebau St. Peter und Paul (1081) durch die Reformideen aus Cluny in Frankreich wesentlich bestimmt wurde.

Blick auf die Marienkapelle des Klosters Hirsau

Von den einst so bedeutenden Bauwerken blieb der romanische ***Eulenturm** mit schönen Figurenfriesen erhalten, der als Westturm der Klosterkirche St. Peter und Paul diente. Von der Kirche **St. Aurelius** sind nur noch Teile des Langhauses und der Westfassade vorhanden. Im Sommer dienen ihre Ruinen als romantische Kulisse für Konzerte.

*Calw ⑨

Das kleine beschauliche Städtchen (23 000 Einw.; 330–650 m) war einst Zentrum der Gerber, Flößer und Tuchmacher, die im Frühjahr ihre Waren zu Fuß oder mit Pferdekarren zum Rathausplatz schafften, um sie den vornehmen Kaufleuten anzubieten. Diese wiederum erzielten damit auf Messen großen Erfolg, bald schon wurden die Calwer Waren bis Spanien exportiert.

Der zunehmende Wohlstand macht sich bis heute in den herrschaftlichen

8

Karte
Seite
96

In diesem Haus in Calw wurde Hermann Hesse geboren

Fachwerk-Patrizierhäusern bemerkbar. Wer mehr über die Geschichte der Calwer Flößer und Tuchmacher erfahren möchte, sollte die **Alte Gerberei** (Badstr. 7/1, April–Okt. So 14–17 Uhr) besuchen.

Für die Berühmtheit Calws sorgte noch jemand anders: der Schriftsteller Hermann Hesse, der 1877 in einem Haus am ***Marktplatz** – mit seinen wunderschönen Fachwerkbauten und dem Rathaus mit Staffelgiebel einer der schönsten Plätze der Stadt – geboren wurde. Auf die Spuren des Dichters kann man sich im **Hesse-Museum** am Marktplatz begeben (April–Okt. Di–So 11–17, Nov. –März Di–So 14–17 Uhr). Für Besucher ist auch eine **Stadtführung** auf Hesses Spuren empfehlenswert, immerhin hat der Schriftsteller seiner Heimatstadt bescheinigt, sie sei schöner als jede Stadt »zwischen Bremen und Neapel, zwischen Wien und Singapur«.

Stadtinformation, Marktbrücke 1, 75365 Calw, Tel. 0 70 51/96 88 10, Fax 96 88 77.

Ratsstube, Marktplatz 12, Tel. 9 20 50, Fax 7 08 26, www.hotel-ratsstube.de. Modern ausgestattet, mit gutem Restaurant. ◐◐

Bad Teinach-Zavelstein ⑨⑦

Das putzige Städtchen zählt 3000 Einw. (340–740 m). Kurz hinter dem Ortsschild hat man den idyllischen Ort **Zavelstein** eigentlich schon wieder hinter sich. Das Häufchen schöner alter Häuser darf sich jedoch immerhin seit 1367 Stadt nennen. Die Burg wurde 1692 zerstört, einzig der 29 m hohe spätstaufische Bergfried ist erhalten.

Rund 170 m tiefer liegt das komplett unter Denkmalschutz stehende **Bad Teinach**, einst die Sommerresidenz der württembergischen Herzöge. König Wilhelm I. ließ das Bad-Hotel, die Trinkhalle und das Badehaus errichten. Heute ist hier die Kurverwaltung untergebracht. Die kabbalistische Lehrtafel aus dem 17. Jh. in der Dreifaltigkeitskirche ist einzigartig.

Im Vorfrühling sollte man das **Naturschutzgebiet** nördlich von Zavelstein auf keinen Fall versäumen. Hier kündigen Tausende von wilden Krokussen den Frühling an.

Teinachtal-Touristik, Rathausstr. 5, 75385 Bad Teinach-Zavelstein, www.teinachtal.de, Tel. 0 70 53/9 20 50 40, Fax 9 20 50 44.

Bad-Hotel, 75385 Bad Teinach, www.bad-hotel.de, Tel. 2 90, Fax 2 91 77. Schönes klassizistisches Hotel mit eigener Schönheitsfarm, direkt am Kurpark gelegen. ◐◐◐
▮ **Berlin's Kronelamm,** Zavelstein, Marktplatz 2, www.berlins-hotel.de, Tel. 9 29 40, Fax 92 94 30. Große Zimmer und gute Küche. ◐◐◐

Von Horb am Neckar führt die Route nach **Dornstetten** mit Fachwerkhäusern und einem Puppen- und Spielzeugmuseum am Marktplatz (So und Mi 14–17 Uhr).

*Alpirsbach ⑬

Im oberen Kinzigtal liegt Alpirsbach (7000 Einw.; 400–800 m), das hauptsächlich durch sein Benediktinerkloster von 1095 und durch sein Bier bekannt ist. Einen guten Eindruck, welche Lebenslust wohl im Mittelalter rund um das Kloster herrschte, bietet der Marktplatz, der einst Löwen, Krone, Raben, Hirschen und Engel als Gasthäuser um sich scharte. 1719 wurden alle Gebäude durch einen Großbrand vernichtet und wieder aufgebaut. Ganz in der Nähe befinden sich die **Klosterkirche St. Nikolaus** und die *Klosteranlage, in der

im Sommer Konzerte stattfinden (Führungen Mo–Sa 11, 12, 14, 15, 16, So 13, 14, 15, 16 Uhr; 2. Nov. bis 14. März Do, Sa, So 14 Uhr).

ℹ️ **Tourist-Information,** Hauptstr. 20, 72275 Alpirsbach, www.alpirsbach.de, Tel. 0 74 44/9 51 62 81, Fax 9 51 62 83.

🏠 **Löwen-Post,** Marktplatz 12, www.loewenpost.de, Tel. 9 55 95. Stattlicher historischer Gasthof, der seit über 100 Jahren mit der Alpirsbacher Klosterbrauerei verbunden ist; gemütliches Restaurant. ○○
▌**Schwanen-Post,** Marktstr. 5, www.alpirsbach.de/schwanen-post, Tel. 22 05, Fax 60 03. Traditionelles Gasthaus, kinderfreundliche Ausstattung. ○○

Fata Morgana im Nordschwarzwald

Das Höckertier mit dem exotischen Zottelfell hört auf den Namen »Puschkin« und passt in die Gemeinde Rotfelden bei Nagold wie eine Schwarzwälder Bauernstube in die Dünenfelder des Oman. Doch die Einheimischen haben sich längst an das Kamel und seine knapp 50 Artgenossen gewöhnt.

Auf Fremde aber macht das Dorf wegen seiner Wüstenschiffe doch einen etwas wunderlichen Eindruck. Schließlich kennt kaum jemand die Vorgeschichte von »Oase Sieben«, wie Rotfelden von Eingeweihten genannt wird: Der örtliche Bauer Wilhelm Breitling kam Mitte der siebziger Jahre während einer Tunesienreise auf die Idee, Kamele in seinem Heimatdorf anzusiedeln. Seit er das erste

Tier von einem Ostberliner Zoo erwarb, scheinen sich seine Zukunftsvisionen zu erfüllen. Denn ein Verein namens »Fatamorgana« organisierte schon vor Jahren das erste Kamelfest, das über 12 000 Besucher in den Nordschwarzwald lockte und in einer kleineren Katastrophe endete, weil die Dörfler nicht in ihren kühnsten Träumen mit so vielen Schaulustigen gerechnet hatten.

Von den jeweils im Mai veranstalteten Kamelrennen samt Bauchtänzen einmal abgesehen, vergeht heute kaum ein Tag, an dem nicht Neugierige nach Rotfelden kommen, um die stolze Kamelherde in Augenschein zu nehmen (Mi–So 13–17 Uhr, Tel. 0 70 54/28 99, www.kamel.de).

8

Karte
Seite
96

**Schiltach 🅤

Eine ehemalige Gerber- und Flößer-
gemeinde ist das schöne Schiltach
(4100 Einw.; 295–842 m), das mit dem
Schüttesägemuseum im Gerbervier-
tel eine Ausstellung über Flößerei und
Holzverarbeitung besitzt (April–Okt.
tgl. 11–17 Uhr). Rund um den *Marktplatz mit dem bemalten Rathaus von
1593 befinden sich das private **Apo-
theken-Museum** mit alten Arbeits-
geräten (April–Okt. Di–Fr 10.30–12,
14.30–17, Sa 14.30–16 Uhr) und das
Museum am Markt mit Exponaten zur
Stadtgeschichte (April–Okt. tgl., 11 bis
17 Uhr).

i **Tourist-Information,** Hauptstr. 5, 77761 Schiltach,
www.schiltach.de, Tel. 0 78 36/
58 50, Fax 58 58.

Zum weyßen Rößle, Schenken-
zeller Str. 42, Tel. 3 87,
Fax 79 52, www.weysses-roessle.de.
Bequem ausgestattete Zimmer und
gutes Restaurant. ○○

*Wolfach 🅥

In einem malerischen Tal zwischen
den Flüssen Wolf und Kinzig liegt der
Luftkurort (6000 Einw.; 250–860 m)
mit seinem **Fürstlich Fürstenbergi-
schen Schloss** von 1671 und dem bemalten Rathaus. Das **Heimat- und
Flößermuseum** (Mai–Okt. Di, Do, Sa
14–17, So 10–12, 14–17 Uhr) lässt alte
Zeiten aufleben. Sammler, die sich für
die ausgestellten Mineralien der nahe
gelegenen Grube Clara begeistern,
dürfen auf den Abraumhalden der Fa.
Sachtleben zwischen Wolfach und
Kirnbach während der Geschäftszei-
ten mit Hammer und Meißel selbst auf
Schatzsuche gehen. Das **Bergwerk**

Grube Wenzel kann im Rahmen von
Führungen besichtigt werden (April
bis Okt. Di–So).

Schönes Bleiglas und Weih-
nachtsschmuck gibt es das gan-
ze Jahr zu kaufen in der **Glashütte Do-
rotheenhütte** (Mo–Sa 9–17, Mai bis
Dez. auch So und Fei 9– 17 Uhr).

i **Tourist-Information,** Hauptstr. 41, 77709 Wolfach,
www.wolfach.de, Tel. 0 78 34/
83 53 53, Fax 83 53 59.

Drei Könige, OT Oberwolfach,
www.dreikoenige.de,
Tel. 0 78 36/9 37 80, Fax 2 85. Komfortables Hotel mit gepflegtem Restaurant. ○○○
❚ **Hirschen,** Oberwolfach-Walke,
Schwarzwaldstr. 2, www.landidyll.
com/hirschen, Tel. 83 70, Fax 67 75.
Vier Häuser im Grünen, geschmack-
voll eingerichtet; Ferienwohnung. ○○
❚ **Adler,** Wolfach-St. Roman,
Tel. 07 83 6/9 37 80, Fax 74 34. Herrlich gelegener Höhengasthof. ○○○

Hornberg 🅦

In Hornberg (4400 Einw.) erinnert man
sich jährlich beim **Hornberger Schießen** auf der Freilichtbühne gerne an
die einstige Schmach: Vor dem Besuch des Herzogs von Württemberg
wurde vom Nachtwächter dreimal ein
Fehlalarm ausgelöst, so dass beim
Eintreffen des hohen Herrn das Pulver
bereits verschossen war.

i **Tourist Information,** Bahnhofstr. 3, www.hornberg.de,
78132 Hornberg, Tel. 0 78 33/7 93 33.

Am **Vogtsbauernhof** (s. S. 72) vorbei
geht es nun nach **Triberg**.

8

**Karte
Seite
96**

Infos von A–Z

Behinderte
Über behindertengerechte Unterkunfts- und Reisemöglichkeiten im Schwarzwald informiert die Website www.behinderung.org.

Information
❚ **Alle Informationen auch unter: www.schwarzwaldserver.de,** Postfach 100 666, 75106 Pforzheim, Tel. 0 72 31/1 47 38-0, Fax 1 47 38 20.
❚ **Schwarzwald-Tourismus GmbH,** Gerberstr. 8, 77652 Offenburg, Tel. 07 81/9 23 77 77, Fax 9 23 77 70.
❚ **Tourismus Südlicher Schwarzwald,** Stadtstr. 2, 79104 Freiburg, Tel. 07 61/2 18 77 64, Fax 2 18 75 34.
❚ **Prospektservice Baden-Württemberg** Esslinger Str. 8, 70182 Stuttgart, Tel. 0 18 05/55 66 90, Fax 55 66 91.

Karten
Gute Karten für Wanderfreunde und Radfahrer gibt es vom Landesvermessungsamt Baden-Württemberg überall im Buchhandel oder beim **Schwarzwaldverein e. V.,** Hauptgeschäftsstelle, Schlossbergring 15, 79098 Freiburg, Tel. 07 61/38 05 30, Fax 3 80 53 20, www.schwarzwaldverein.de.
Broschüren über Radwege im Schwarzwald beim **LFV-Prospektservice,** c/o FDS GmbH, Postf. 2002, 75013 Bretten.

Kuren
Fast alle Kurorte bieten sowohl klassische Kuren als auch Fitness-Pakete, Schönheitswochen oder preiswerte »Schnuppertage« an.
Die Freunde alternativer Heilmethoden finden beispielsweise Kraft bei Ayurveda (in Sasbachwalden), Bachblütentherapie (im Glottertal) oder Reiki (in Schluchsee). Siehe auch S. 8f.

Infos beim **Heilbäderverband Baden-Württemberg,** Esslinger Str. 8, 70182 Stuttgart, Tel. 07 11/2 38 58 71, Fax 2 38 58 98.

Naturschutz
Der Naturpark Südschwarzwald zählt mit seinen 333 000 ha zu den größten Naturparks in Deutschland. Tel. 0 76 76/93 36 10, Fax 93 36 11, www.naturpark-suedschwarzwald.de.

Preisermäßigung
Die **Schwarzwald-Gästekarte** macht fast die ganze Region zu einem Schnäppchen. Knapp 200 Gemeinden bieten damit Preisnachlässe für Museen, Sport- und Freizeiteinrichtungen, stellenweise sogar für Unterkünfte und Mahlzeiten. Erhältlich ist die Karte in den Tourismusbüros sowie in Hotels.
Die Gästekarte »Konus« ermöglicht Übernachtungsgästen an vielen Orten des Südschwarzwalds die kostenlose Nutzung von Bussen und Bahnen im Nahverkehr.

Rettungs- und Hilfsdienste
❚ Polizei: 110
❚ Feuerwehr: 112
❚ Rettungsleitstellen: 19 222
❚ Pannenhilfe des ADAC: 0 18 02 22 22 22

Souvenirs
Als Andenken an den Schwarzwald sind in erster Linie leibliche Genüsse beliebt: geräucherter Speck und Schinken, dazu Kirschwasser, badischer Wein, Marmelade oder ein Töpfchen Tannenhonig, den es nicht jedes Jahr gibt.
Länger halten die »Finken«, Strohschuhe, die nach alter Handwerkskunst hergestellt sind und einen Winterabend erst richtig gemütlich machen.

Langenscheidt Mini-Dolmetscher Alemannisch

Allgemeines

Guten Morgen!	(guädä) Moorgä!
Guten Tag!	(guädä) Daag!
Guten Abend!	Noowä!
Gute Nacht!	Guäd Naachd!
Auf Wiedersehen!	Adjee!
Wann ist (sind) ... geöffnet?	Wänn machä diä ... uff?
Wann wird (werden) ... geschlossen?	Wänn machä diä ... zuä?
Wie komme ich nach (zum, zur) ... ?	Wu geed's do uff / zuäm / zuär ... ?
Wie lange wird das dauern?	Wiä lang wurd des geen?
Wann findet ... statt?	Wänn isch ... ?
Wo bekomme ich ... ?	Wu bekumm i des? / Wu gid's des?
Geben Sie mir bitte ... !	Gänn Si m'r ... biddä!
Haben Sie auch ... ?	Hänn Si au ... ?
Ich brauche ...	I bruch ...
Ich möchte ...	I mechd ... / I wodd ...
Ich würde gern ...	I dääd gärn ...
Am liebsten würde ich ...	Am liäbschdä dääd i ...
nicht	nidd
nichts	nigs
bitte!	biddä!
Danke!	Dang'schee!
Verzeihung!	Hobbla!
Das freut mich sehr!	Des fraid mi arg!
Das tut mir leid!	Des duud m'r jetzt laid!
Ich verstehe Sie nicht!	I vrschdee Si nidd!
Wie bitte?	Hä biddä? / Was mainsch?
Sprechen Sie doch bitte etwas langsamer!	Schwätzä Si nidd ä so schnäll!
Wie spricht man dieses Wort aus?	Wiä said m'r jetzt des?
Wie viel Uhr ist es?	Well Zidd hämm'r?
ja	jaa
Ja nicht!	Joo nidd!
nein	naai

Besichtigung

Was für Sehenswürdigkeiten gibt es hier?	Was gid's doo Scheen's zum Luegä / B'schauä?
Wir möchten gern das Schloss besichtigen!	M'r däädä gärn des / säll Schloss b'schauä!
Muss man da Eintritt bezahlen?	Koschded des ebbis? / Muäss m'r doo idridd zaalä?
Und was kostet das?	Un was koschded's?
Tja, wollen wir uns das leisten?	Ujee, kennä / wellä m'r uns des laischdä?
Ist da auch immer eine Führung dabei?	Wurd do au ebbis ergläärd / verzeeld?

Einkaufen

Wo kann ich ... kaufen?	Wu bekummd m'r des ... am beschdä?
Ich hätte gerne diesen Artikel hier!	I hädd gärn des do / säll därd!
Zeigen Sie mir bitte etwas anderes!	Zaigä Si m'r noch ebbis anders!
Die Farbe gefällt mir nicht.	Diä Farb gfalld m'r nidd! De'sch jetz ä bleedi Farb!
Das Muster ist mir zu auffällig (zu bunt)!	Des isch m'r jetz ä weng z'schrajig!
Es soll hierzu passen!	'S soll doo däzuä bassä!
Ich möchte gerne das Kleid anprobieren!	I dääd gärn des Glaid ämool browiärä!
Wie viel kostet das?	Was koschded des?
Das ist mir zu teuer!	Des isch m'r z'dijär / z'vill Gäld!
Das nehme ich!	Des nimm'i!
Haben Sie's nicht kleiner?	Hänn Si's nidd ä wäng glainer?

Notfälle

Wo ist die nächste Apotheke?	Wu isch d'nägschd Abodeeg?

Wann hat die Ärztin Sprechstunde?	Wänn hedd d'Dogdäri Schbrächschdund?
Ich hatte dauernd Schwindelanfälle und Schwächezustände!	M'r war's dauernd dirmlig und so bamblig!
Dann wurde ich ohnmächtig!	Un uf aimool war i nimmi bii m'r!
Mir ist sterbenselend!	M'r isch schdärwenschläächd!
Das ist doch nichts Ernstes?	Des isch awwer nigs Aargs?
Ich möchte eine Anzeige erstatten, Herr Wachtmeister!	I mechd ebbis aanzaigä, Härr Schandarm!
Man hat mir meinen Geldbeutel gestohlen!	Ma hedd mr dä Gäldbiddl g'schdoolä!
In meinem Zimmer wurde eingebrochen!	Bi miir hedd m'r ii'brochä!

Essen und Trinken

Können Sie mir ein gutes Restaurant empfehlen?	Wissä Si ä guedi Wirdschafd?
Oder eine gemütliche Kneipe?	Odd'r ä gmiedligi Wiinschdubb?
Ich brauche einen Tisch für fünf Personen!	I bruch ä Disch fir fimbf Lidd!
Dürfen wir uns zu Ihnen dazusetzen?	Därfä m'r dohiin / zuä eich hoggä?
Fräulein, die Speisekarte bitte!	Bringä Si mol biddä d'Schbeisekard / d'Väschberkard!
Bringen Sie mir (uns) bitte ...	I hädd gärn ... / M'r häddä gärn ...
Guten Appetit!	Ä Guad'r!
Prosit!	Broschd!
Die Rechnung bitte!	M'r däädä gärn zaalä!
Da müssen Sie sich aber geirrt haben!	Des kann jo nidd schdimmä!
Der Rest ist für Sie!	Des schdimmd so!
Frühstück	's Morgäässä
Geflügel	Gull'r (= Hähnchen)
kleine Zwischenmahlzeit	z'Niini

Schinkenbrot	Schungäbrood
Spiegelei	Ogsäaug
Obst	Obsd / Obschd
Erdbeeren	Ärdbäärä
Johannisbeeren	Hansdriiwili
Pflaumen	Bflüümä
Dessert	Déssäär

Unterkunft

Kennen Sie ein gutes (billiges) Hotel?	Wu kamm'r billig iw'rnaachdä?
Haben Sie ein (nicht zu teures) Einzelzimmer frei?	Hänn Si ä (ginschdigs) Ainzlzimm'r?
Wie viel kostet denn ein Doppelzimmer?	Was koschded ä Dobbelzimm'r?
Wir hätten gern ein Zimmer mit Blick auf den See!	M'r woddä gärn uff de See luegä!
Kann ich das Zimmer einmal ansehen?	Kann i's emool bschauä / säänä?
Nein, das gefällt mir nicht!	Nai, des gfalld m'r nidd!
Dies hier wäre eher etwas!	Des doo wär eendr ebbis!
Morgen früh fahren wir nach Hause zurück.	Morn faará m'r widd'r haim.
Ich möchte mich noch ins Gästebuch eintragen!	I mechd noch ebbis ins Gäschdäbuäch schriiwä!
Kann ich mit meiner Kreditkarte bezahlen?	Kamm'r au mid'm Kärdle zaalä?
Es war sehr schön bei Ihnen!	'S is scheen gsii bi eich!
Danke für alles!	M'r dangä au fir alles!
Haben Sie noch Platz für unseren Wohnwagen?	Hänn'r a Blatz fir unser Wohnwaagä?
Was kostet es für ein Auto und pro Person?	Was koschdeds fir ä Audo un fir ä Bersoon?
Wir brauchen unbedingt Stromanschluss!	M'r bruchä umbedingd ä Schdroomanschluss!

Personenregister

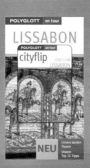